최신판

재무제표 속에 기업이 있다

박성욱 · 이우성 공저

SAMIL | 삼일인포마인

지은이의 말

　주식을 매매하기 앞서 투자자는 해당 기업의 주가가 적정가격인지를 살펴보고 투자여부를 판단하게 됩니다. 그 과정에서 혹시 모를 정보의 불균형으로 주가가 저평가 또는 고평가되었는지를 알아보기 위해 열심히 재무제표를 살펴봅니다. 하지만 투자자 입장에서 막상 공시된 재무제표를 활용하여 기업분석을 하려고 하면 어디까지 회계지식을 습득한 후 어떻게 재무제표 분석을 해야 하는지 막막한 게 현실입니다. 우선 재무제표 분석의 도구가 되는 회계라는 용어의 낯설음에서부터 숨이 탁 막히게 되기 때문입니다. 그래서인지 일부 투자자는 투자를 하고자 하는 기업의 현재 모습을 보여주는 재무제표에 대한 이해도 없이 묻지마 투자를 하는 자신의 모습을 종종 발견하곤 합니다.

　더구나 가치평가를 위해서는 평가대상 기업뿐만 아니라 해당 기업의 환경에 대한 충분한 이해가 선행되어야 합니다. 따라서 본서에서는 기업의 투자를 앞두고 해당 기업의 가치에 관심이 있거나 이러한 업무를 수행하고 하고자 하는 분들에게 조금이나마 도움을 줄 목적으로 집필되었습니다. 그리고 교재의 내용은 되도록 재무제표의 기본개념에 대한 이해와 가치평가를 위한 기본 지식을 전달하는데 방점을 두었습니다.

　이 책의 구성은 전반부는 재무제표를 작성하는데 필요한 회계지식과 개념을 설명하고 재무제표 분석의 일반적인 방법들을 소개합니다. 그리고 후반부에서는 기업가치평가 측면에서 필요한 기초 개념과 이론에 대한 내용을 담고 있습니다. 이 책의 구체적인 특징을 소개하면 다음과 같습니다.

　첫째, 먼저 재무정보의 보고 수단이 되는 재무제표에 대해 간략하게 설명한 후 재무제표 구성요소를 이용한 다양한 재무제표 분석방법에 대해 기술하였습니다. 특히 재무제표 분석은 재무정보이용자에 따라 다양한 분석이 가능하므로 교재에서는 대표적인 분석방법인 수익성, 활동성, 안정성, 시장가치비율을 소개한 후 숫자를 통한 적절한 예시를 가지고 재무제표 분석방법을 설명하고 있습니다. 따라서 학습자 분들은 차근차근 내용을 따라오시면 재무제표 분석을 수월하게 이해할 수 있습니다.

둘째, 재무제표 분석 후 기업가치평가를 위해 실무에서 가장 많이 활용되고 있는 수익가치접근법 중 하나인 현금흐름할인법(DCF평가기법)을 소개하고 있습니다. 실무적으로 현금흐름할인법을 응용하기 위해서는 시간가치, 위험의 측정 기법, 현금흐름 추정 등 재무관리적인 기초 지식이 필요하기 때문에 교재에서는 현금흐름할인법을 학습하기에 앞서 필요한 기본지식과 이론에 대해 설명하고 있습니다. 또한 최근에 새롭게 주목받고 있는 초과이익모형(RIM), EVA 모형 등도 설명하고 있습니다.

재무제표 분석과 기업가치는 상호 연관되어 있으므로 첫 회독부터 모든 내용을 이해하려고 하면 진도가 더뎌져서 오히려 흥미를 잃을 수 있습니다. 따라서 처음에는 모르는 내용이 있더라도 여러 번 회독수를 늘리며 여러 개념을 이해하다 보면 어느덧 기존의 나열된 개념들이 서로 연계되는 느낌을 받으실 거라고 생각합니다.

마지막으로 좋은 책을 만들기 위해 불철주야 노력해주신 삼일인포마인에 감사의 마음을 전합니다. 또한 재무제표 분석과 기업가치평가 내용이 독자들에게 보다 잘 전달될 수 있도록 책을 검토해 준 김서현, 김성태, 이재호 님에게 감사드립니다. 무엇보다 마지막까지 집필을 마칠 수 있도록 아낌없이 지원해 준 가족들에게 지면을 빌어 사랑의 마음을 전합니다.

2022년 8월
박성욱, 이우성

차 례

Chapter 1

재무제표 분석 개괄

학습목차	학습목표
1. 재무제표 분석의 개요 2. 자본시장 3. 증권시장	자본시장과 증권시장의 개념과 종류에 대해 살펴보고 재무제표 분석의 정의와 절차에 대해 이해한다.

① 재무제표 분석의 개요

(1) 기업과 시장

기업이란 이윤을 추구하는 경제집단이며, 일반적으로 많은 기업이 주식회사의 형태로 설립된다. 주식회사는 회사의 주인인 주주가 주식이라는 증권을 통해 회사의 의사결정을 참여하는 형태이다. 향후 설명하는 기업은 별다른 언급이 없는 한 주식회사를 지칭한다.

기업은 자본시장으로부터 조달된 자금으로 실물시장에 투자하여 재화나 용역을 판매하는 활동을 한다. 실물시장에서 투자의 주체는 기업이고 금융시장에서 투자의 주체는 채권자 및 주주이다. 기업은 금융시장에서 자금공급자의 역할을 하는 채권자와 주주로부터 자금을 공급받아 실물시장에 투자하고 영업활동을 통해 수익을 창출한다. 그리고 창출된 수익은 채권자 및 주주에게 배분된다.

기업의 가치는 기업의 생산능력(Productive capacity)에 의해 결정된다. 그리고 기업의 생산능력은 해당 기업의 실물자산(Real Asset)에 영향을 받는다. 기업의 자본조달의 원천이 되는 주식, 채권과 같은 금융자산(Financial Asset)은 실물자산과 다르게 기업의 생산능력에 직접적으로 영향을 주지는 않지만 자본비용이라는 기회비용 관점에서 기업 가치에 영향을 준다.

(2) 재무제표 분석의 목적

BLASH(Buy low and Sell high) 투자전략은 투자자라면 누구나 아는 투자 격언이다. 즉, '싸게 사서 비싸게 팔아라'는 지극히 단순한 문장이지만 실제로 시장에서 실행하기는 매우 어렵다. 이유는 현재 시점에 투자대상의 시장가가 과연 낮은 가격인지, 비싼 가격인지를 판단하기 어렵기 때문이다.

여기서 싸게 산다는 의미는 시장 정보의 불완전성으로 인해 시장참여자들이 현재 투자 대상기업의 가치를 내재가치(Intrinsic Value)보다 낮은 가격으로 인식하고 있다는 것을 의미한다. 그리고 성공적인 BLASH 투자전략에 따르면, 이러한 저평가 기업은 향후 내재가치로 반드시 회귀한다는 믿음에서 비롯된다.

따라서 본서에서는 회계정보를 이용하여 재무제표 분석과 기업가치평가를 수행한 후 분석 대상기업의 내재가치를 산출하는 방법에 대해 학습할 것이다. 그리고 궁극적으로는 해당 분석 및 평가를 통해 투자자들이 투자의사결정 시 유용한 정보를 제공하는데 있다.

(3) 재무제표 분석의 정의 및 절차

1) 정의

재무제표 분석은 재무상태표, 포괄손익계산서, 현금흐름표 등 기업의 과거 및 현재의 재무제표를 분석한 후 기업의 미래 현금흐름 창출 능력을 추정하여 정보이용자의 의사결정에 유용한 정보를 제공하는 것이다.

분석 범위에 따라 재무제표 분석 외에도 주가, 거래량, 시장점유율 자료 등을 분석하는 계량 분석 분야의 영역이 있고 거시환경, 경쟁기업, 경영자의 능력 등 비계량 분야까지 포함하여 분석하는 영역도 있다. 본 과정에서는 재무제표 분석을 통한 기업 가치 평가를 주로 학습하지만 기업평가의 넓은 의미로 비계량 분야까지 포함할 수 있다.

2) 절차

① Step 1 : 재무제표 분석의 목적 설정

재무제표 분석은 재무 정보이용자의 목적에 따라 달라진다. 예를 들어 은행에서 대출 여부를 결정하기 위해 분석하는 경우 재무 정보이용자인 대출기관은 해당 재무 정보를 통해 기업의 신용위험(Credit risk)을 확인하려고 할 것이다. 그리고 주식 투자자들의 경우 투자 여부 의사결정을 위해 재무제표 분석을 할 것이다. 따라서 재무제표 분석에 앞서 분석 목적을 분명히 하여 분석 목적에 맞게 분석 방법, 절차, 결론 도출을 설계하여야 한다.

② Step 2 : 자료수집 및 분석 방법 설정

분석 목적을 설정한 후에는 기업의 자료수집을 해야 한다. 이때 재무 자료뿐만 아니라 산업 동향, 경쟁기업 등에 관련한 자료도 수집하여야 더 정확한 분석이 가능하다. 그리고 분석 목적과 수집된 자료에 따라 분석 가능한 방법을 결정하게 되는데, 분석 방법에는 추세분석, 비교분석, 상관분석 등이 있다.

③ Step 3 : 재무제표 가공 및 벤치마크 설정

분석을 실시하기에 앞서 분석하고자 하는 기업의 재무제표에 비경상적인 항목 등이 존재하여 분석 결과 도출 시 왜곡을 일으킬 수 있는 요소가 있는지를 확인하고 그러한 항목을 적절히 가공(Normalized)하는 과정이 필요하다. 또한 재무제표 분석을 통해 도출된 비율 및 수치는 벤치마크(Benchmark)와 비교함으로써 정보의 유용성이 높아지기 때문에 비교 대상의 기준점이 되는 벤치마크를 선택하는 과정은 매우 중요하다.

④ Step 4 : 재무제표 분석

본 분석에서는 수익성 분석, 활동성 분석, 안정성 분석, 성장성 분석 등을 수행하며, 상장사와 같이 주가가 존재하는 기업의 경우 시장가치 비율 분석 등을 추가로 수행한다.

⑤ Step 5 : 분석 결과 도출

마지막으로 앞 단계에서 수행한 결과를 벤치마크와 비교를 통해 기업의 재무 상태와 경영성과에 대해 종합적인 판단을 한다. 하지만 최종 의사결정 시 발생주의 회계 본연의 한계점이 있을 수 있음을 항상 숙지하여야 한다.

❷ 자본시장

(1) 자본시장의 개요

자본시장은 기업의 설립이나 확장 등을 위하여 비교적 장기간에 걸쳐 자금의 신용 거래가 이루어지는 시장으로 경영활동에 필요한 자본을 조달하는 기업과 그러한 자본을 공급하는 투자자로 구성되어 있다.

(2) 금융시장의 분류

금융시장은 자금의 유통경로에 따라 직접금융시장과 간접금융시장으로 구분된다.

1) 직접금융시장

직접금융시장(direct financial market)은 자금수요자가 자기명의로 발행한 증권을 자금공급자에게 교부하고 자금을 직접 조달하는 시장으로서, 주식·채권 등이 대표적인 직접금융 거래 수단이다. 이때 금융기관은 증권의 형태를 바꾸지 못하며, 매매를 중개하여 거래를 활발하게 하는 촉진자의 역할을 한다.

① 단기자금시장(money market)

일반적으로 만기가 1년 미만인 증권이 거래되는 시장을 말하며, 예로는 콜, 환매조건부매매, 양도성예금증서, 기업어음, 전자단기사채 등이 있다. 구체적으로 살펴보면 다음과 같다.

콜시장(call market)은 금융기간 사이에 이루어지는 일시적인 대차거래이며, 여기서 콜이란 자금을 요청하는 것을 의미한다.

환매조건부매매(RP)는 일정 기간 후 금융기관에서 확정금리로 되사는 조건으로 발행되는 채권이다. 발행 목적에 따라 여러 가지 형태가 있는데, 흔히 중앙은행과 시중은행 사이의 유동성을 조절하는 수단으로 많이 활용된다.

양도성예금증서(CD : certificate of deposit)는 양도가 가능한 무기명의 정기예금증서이다. CD 금리는 단기금리의 기준금리로서 변동금리채권, 주가지수 선물 및 옵션 시장의 기준금리로 활용되고 있으며, 은행의 단기대출과 주택담보대출의 시장금리 연동 기준으로 만기 3개월 CD 유통수익률이 쓰인다.

기업어음은 자금 조달을 목적으로 기업이 발행하는 단기의 무담보 융통어음이다. 그리고 전자단기사채는 기업어음이 가지는 실물의 위·변조, 분실과 같은 위험을 제거하고 발행사무를 간소화하여 비용을 줄일 목적으로 도입된 전자적인 방식으로 발행되는 사채이다.

② 자본시장(capital market)

만기가 1년 이상인 증권이 거래되는 시장을 말하며, 장기자금 조달 수단인 주식·채권 등이 거래되는 시장이다.

③ 국제금융시장(international financial market)

일반적으로 국제금융은 전체 금융거래에서 국내금융을 제외한 부분으로 국내금융은 거주자 간 자국 통화로 국내에서 발생하는 금융거래로 정의된다. 이 세 가지의 요건 중 어느 하나라도 충족되지 않으면 국제금융으로 분류된다.

④ 파생금융상품시장

기존 금융시장의 금융상품에서 파생된 것으로 주식 관련 파생상품, 금리 관련 파생상품, 통화 관련 파생상품, 신용파생상품, 파생결합증권 등이 있다.

2) 간접금융시장

간접금융시장(indirect financial market)은 자금수요자가 금융기관을 통하여 자금을 거래하는 시장이다. 금융기관은 자금의 공급자가 예금, 신탁, 보험 및 집합 투자기구(펀드) 등의 상품에 가입하면 금융기관 자신의 계산과 책임 아래 예금증서, 신탁증서, 보험증권, 집합 투자증권(수익증권) 등의 간접증권을 자금의 공급자에게 발행하여 주고, 이 자금으로 대출채권증서·주식·채권 등의 본원적 증권을 취득하는 방법으로 자금수요자에게 자금을 이전시키는 시장이다.

③ 증권시장의 개요

(1) 증권이란?

가치를 표시하는 종이 증서로서 재산에 관한 의무나 권리를 나타내는 문서를 의미한다. 예로는 채권이나 주식이 있다.

(2) 우리나라 증권시장

대한민국 정부수립 초기 우리나라 증권 제도를 정비하고 건국국채를 발행하면서 증권시장의 인프라 구축을 시작하였다. 1960년대에는 자본시장육성법을 제정하여 기업공개를 적극 장려하면서 증권시장 규모는 급격하게 증대되었다. 80~90년대에는 국민주 발행을 통해 증권투자의 대중화를 이루었고, 해외 전환사채·신주인수권부사채·주식예탁증서 등을 발행함으로써 증시 국제화를 이루었다. 2000년 이후에는 펀드시장을 활성화시킴으로써 증시시장이 보다 선진화되었다.

1) 해방 이후~1950년대 : 건국국채 발행 및 증시 인프라 구축

- 1945년 : 해방과 함께 조선 증권 취인소 폐쇄
- 1949년 : 재무부 면허 제1호로 대한 증권 주식회사 설립
- 1950년 : 건국국채, 지가증권 발행
- 1953년 : 대한증권업협회를 창립
- 1956년 : 대한증권거래소 설립

2) 1960~70년대 : 발행시장의 육성

- 1963년 : 대한증권거래소 해체 및 한국증권거래소 설립
- 1963년 : 우리나라 최초의 전환사채 발행
- 1968년 : '자본시장 육성에 관한 법률' 시행
- 1974년 : 한국 증권 대체결제회사(한국예탁결제원 전신) 설립

3) 1980~90년대 : 국민주 보급 및 해외증권발행

- 1985년 : 해외 전환사채 최초 발행
- 1988년 : 최초 국민주 발행
- 1989년 : 국내 최초 교환사채 및 해외 신주인수권부사채 발행
- 1990년 : 삼성물산 국내 최초 해외주식예탁증서 발행
- 1993년 : 세계 최초 글로벌 본드 발행
- 1994년 : 포스코, 한국전력 뉴욕증시 상장
- 1995년 : 주가지수 선물거래 시장개설
- 1996년 : 코스닥 증권시장 개장
- 1997년 : IMF 구제금융 신청
- 1998년 : 유동화 채권 등 선진 금융상품 도입

4) 2000~현재 : 펀드시장 활성화

- 2002년 : 증권거래소 주식 옵션 시장 및 상장지수펀드(ETF) 시장개설
- 2004년 : '간접투자자산 운용업법' 제정 및 간접투자(펀드) 활성화
- 2005년 : 한국증권선물거래소(통합거래소) 출범
- 2007년 : 주식시가총액 1,000조 원 돌파, KOSPI 2,000포인트 돌파

- 2008년 : 미국발 글로벌 금융위기 발생
- 2009년 : '자본시장과 금융투자업에 관한 법률' 제정
- 2011년 : ETF 시장 급팽창(세계 4위)
- 2013년 : 중소기업 전용시장인 코넥스 시장 개장
- 2020년 : 코로나 19 확산에 따른 펜데믹 발생

1. 기업과 시장이라는 관점에서 재무제표 분석의 목적에 대해 간략히 설명해보시오.

[정답] 재무제표 분석은 재무상태표, 포괄손익계산서, 현금흐름표 등 기업의 과거와 현재의 재무제표를 분석함으로써 기업의 미래 현금흐름 창출 능력을 추정하여 정보이용자의 의사결정에 유용한 정보를 제공하는 것이다.

회계정보를 이용하여 재무제표 분석을 통해 기업의 대출 규모를 결정하고 기업도산을 예측하며 또한 신용등급평가에 사용할 수 있다. 그리고 기업공개(IPO)를 할 때, 공모가 결정에 응용될 수 있다. 그리고 궁극적으로는 해당 분석 및 평가를 통해 투자자들이 투자의사결정을 하는데 유용한 정보를 제공하는데 있다.

2. 재무제표 분석은 다양한 방법으로 수행될 수 있다. 재무제표 분석의 일반적인 절차에 대해 설명해보시오.

[정답] 재무제표 절차는 다음과 같이 기술할 수 있다.

① Step 1 : 재무제표 분석의 목적 설정

재무제표 분석에 앞서 분석 목적을 분명히 하여 분석 목적에 맞게 분석 방법, 절차, 결론 도출을 설계하여야 한다.

② Step 2 : 자료수집 및 분석 방법 설정

분석 목적을 설정한 후에는 기업의 자료수집을 해야 한다. 그리고 분석 목적과 수집된 자료에 따라 분석 가능한 방법을 결정하게 되는데, 분석 방법에는 추세분석, 비교분석, 상관분석 등이 있다.

③ Step 3 : 재무제표 가공 및 벤치마크 설정

분석하고자 하는 기업의 재무제표에 비경상적인 항목 등이 존재하여 분석 결과 도출 시 왜곡을 일으킬 수 있는 요소가 있는지를 확인하고 그러한 항목을 적절히 가공(Normalized)하는 과정이 필요하다. 또한 재무제표 분석을 통해 도출된 비율 및 수치는 벤치마크(Benchmark)와 비교함으로써 정보의 유용성이 높아지기 때문에 비교 대상의 기준점이 되는 벤치마크를 선택하는 과정은 매우 중요하다.

④ Step 4 : 재무제표 분석

본 분석에서는 수익성 분석, 활동성분석, 안정성 분석, 성장성 분석 등을 수행하며, 상장사와 같이 주가가 존재하는 기업의 경우 시장가치 비율분석 등을 수행한다.

⑤ Step 5 : 분석 결과 도출

마지막으로 앞 단계에서 수행한 결과를 벤치마크와 비교를 통해 기업의 재무 상태와 경영성과에 대해 종합적인 판단을 하게 된다.

3. 우리나라 자본시장은 크게 직접 자본시장과 간접 자본시장으로 나누어진다. 각각의 시장 특성과 분류에 따른 금융상품을 설명해보시오.

[정답] 금융시장은 자금의 유통경로에 따라 직접금융시장과 간접금융시장으로 구분된다.
직접금융시장(direct financial market)은 자금수요자가 자기명의로 발행한 증권을 자금공급자에게 교부하고 자금을 직접 조달하는 시장으로서, 주식·채권 등이 대표적인 직접금융 거래 수단이다. 단기금융시장은 일반적으로 만기가 1년 미만인 증권이 거래되는 시장을 말하며, 예로는 콜, 환매조건부매매, 양도성예금증서, 기업어음, 전자단기사채 등이 있다. 자본시장(capital market)은 만기가 1년 이상인 증권이 거래되는 시장을 말하며, 장기 자금 조달 수단인 주식·채권 등이 거래되는 시장이다.
간접금융시장(indirect financial market)은 자금수요자가 금융기관을 통하여 자금을 거래하는 시장이다. 금융기관은 자금의 공급자가 예금, 신탁, 보험 및 집합 투자기구(펀드) 등의 상품에 가입하면 금융기관 자신의 계산과 책임 아래 예금증서, 신탁증서, 보험증권, 집합 투자증권(수익증권) 등의 간접증권을 자금의 공급자에게 발행하여 주고, 이 자금으로 대출채권증서·주식·채권 등의 본원적 증권을 취득하는 방법으로 자금수요자에게 자금을 이전시키는 시장이다.

1. 재무제표 분석의 개요

(1) 기업과 시장

① 기업이란 이윤을 추구하는 경제집단이며, 일반적으로 많은 기업이 주식회사의 형태로 설립된다.

② 기업은 금융시장에서 자금공급자의 역할을 하는 채권자 및 주주로부터 자금을 공급받아 실물에 투자하여 영업활동을 통해 수익을 창출한다. 그리고 창출된 수익은 채권자 및 주주에게 배분한다.

③ 기업의 생산능력은 해당 기업의 실물자산(Real Asset)에 영향을 받는다. 여기서 기업의 자본조달의 원천이 되는 주식, 채권과 같은 금융자산(Financial Asset)은 실물자산과 다르게 해당 기업의 생산능력에 직접적으로 영향을 끼치지는 않지만 자본비용이라는 기회비용 관점에서 기업 가치에 영향을 준다.

(2) 재무제표 분석의 목적

회계정보를 이용하여 재무제표 분석과 기업가치평가를 수행한 후 분석 대상기업의 내재가치를 산출하는 방법에 대해 학습하고 궁극적으로는 해당 분석 및 평가를 통해 투자자들이 투자 의사결정을 하는데 유용한 정보를 제공하는데 있다.

(3) 재무제표 분석의 절차

① Step 1 : 재무제표 분석의 목적 설정
② Step 2 : 자료수집 및 분석 방법 설정
③ Step 3 : 재무제표 가공 및 벤치마크 설정
④ Step 4 : 재무제표 분석
⑤ Step 5 : 분석 결과 도출

2. 자본시장

(1) 직접금융시장

직접금융시장(direct financial market)은 자금수요자가 자기명의로 발행한 증권을 자금공급자에게 교부하고 자금을 직접 조달하는 시장으로서, 주식·채권 등이 대표적인 직접금융거래수단이다.

(2) 간접금융시장

간접금융시장(indirect financial market)은 자금수요자가 금융기관을 통하여 자금을 거래하는 시장이다.

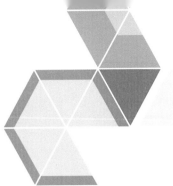

Chapter 2

자본시장과 회계정보의 이해

학습목차	학습목표
1. 자본시장과 회계정보 2. 회계정보의 기본개념 3. 회계원칙과 외부감사제도 4. 재무제표의 기본개념 5. 공시재무제표의 검색	회계정보의 보고 수단인 재무제표에 대해 이해하고 전자공시 시스템에서 검색하는 방법을 살펴본다.

① 자본시장과 회계정보

　기업은 경영활동에 필요한 자금을 자본시장에서 조달하고, 투자자는 자신의 부를 증가시키려는 목적으로 자본시장에 자금을 투자한다. 이 과정에서 기업과 투자자 사이의 정보 비대칭 문제가 발생하게 되어 자본의 효율적 배분이 이루어지지 않을 수 있다.

　이와 같은 정보 비대칭 문제를 해결하기 위해 기업은 외부감사인의 감사를 받은 재무제표를 외부에 제공하며, 정보 중개 기관은 재무제표를 가공한 회계정보를 투자자들에게 제공한다. 투자자들은 재무제표 및 가공된 회계정보를 활용하여 투자 중개 기관을 통해 기업에 투자를 하게 된다.

　투자 중개 기관의 예로는 증권거래소, 증권회사, 은행, 보험회사, 투신사, 뮤추얼펀드, 벤처캐피탈 등이 있으며, 정보 중개 기관에는 외부감사인, 신용평가기관, 경제지, 증권애널리스트 등이 있다.

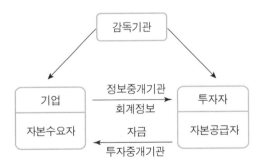

② 회계정보의 기본개념

(1) 회계의 정의

정보시스템 관점에서 회계란 기업이 재무 상태와 경영성과에 관한 정보를 정보이용자들에게 제공하기 위해 기업의 경제적 사건 및 거래를 화폐단위로 측정하여 보고하는 것이다. 회계는 정보이용자들의 합리적 의사결정을 도와주는 정보를 제공함으로써 궁극적으로 사회적 자원의 효율적 배분에 도움을 주는 것이다.

(2) 회계정보와 재무제표

회계 프로세스를 통해 제공되는 정보를 회계정보라고 하며, 이러한 회계정보를 제공하는 수단이 재무제표이다.

(3) 회계정보의 중요성

자본시장에서 투자자들은 자신의 위험 성향과 기대수익률에 따라 합리적으로 자금을 배분할 것이다. 이때 정보 불균형으로 인해 투자자들이 잘못된 의사결정을 하지 않도록 기업은 회계정보를 외부에 공표하게 되는데, 이렇게 기업이 회계정보를 투자자들에게 제공함으로써 사회 전체적으로는 한정된 자원의 효율적 배분이 이루어진다.

특히 정보이용자들은 향후 이익 예측 및 기업 가치 평가를 위해 회계정보를 적극 활용하게 되는데, 이러한 재무제표 분석의 방법론은 추후 설명하기로 한다.

(4) 회계 정보이용자

기업의 회계시스템은 기업에 대한 유용한 경제적 정보를 제공하여 회계 정보이용자로 하여금 합리적인 의사결정을 하도록 한다. 경제 환경이 다양해짐에 따라 기업의 회계정보를 이용하는 회계 정보이용자 또한 다음과 같이 다양하다.

① 경영자 : 경영자는 기업 외부에 회계정보를 제공하는 책임자이면서 회계정보의 이용자이기도 하다. 기업의 경영자는 회계정보를 바탕으로 다양한 의사결정을 하며 그러한 의사결정에 대해 피드백을 받기도 한다.

② 투자자 : 투자자는 기업이 발행한 지분증권(주식), 채무증권(회사채) 및 기타 금융상

품에 투자하였거나 투자할 의사를 가진 개인이나 기관을 말한다. 이러한 투자자는 회계정보를 통하여 경영자의 수탁책임을 감시할 수 있고 투자수익을 평가할 수 있다.

③ 채권자 : 채권자는 기업에 자금을 대여한 은행, 증권회사 및 보험회사 등을 말한다. 채권자는 회계정보를 기초로 기업의 부채상환 능력을 분석해서 대출 여부를 판단하거나 채권의 상환 가능성을 분석한다.

④ 종업원 : 종업원은 고용계약에 따라 보수를 받고 근로 용역을 제공하는 기업 내부의 구성원이다. 종업원은 자신의 성과와 회사의 재무적 안정성과 수익성을 고려하여 근로조건을 협상한다. 따라서 종업원은 근로조건 협상과 함께 회사의 자금 건전성을 판단하기 위하여 회계정보를 이용한다.

⑤ 정부 기관 : 정부 기관은 기업의 안정적인 경영을 위한 기업환경 조성을 위해 공공서비스를 제공하고 기업의 이해관계자를 보호하고 기업에 대해서는 이익에 따른 세금을 부과하기도 한다. 국세청은 조세 부과 또는 징수를 위하여 회계정보를 이용하고 각종 정부 기관은 규제와 관리를 위하여 회계정보를 이용한다.

(5) 회계의 분류

회계는 보고 목적에 따라 재무회계와 관리회계로 구분된다. 재무회계는 투자자나 채권자 및 정부와 같은 외부정보이용자의 경제적 의사결정에 유용한 회계정보를 제공하는 것을 목적으로 한다. 외부정보이용자는 이러한 회계정보를 이용하여 기업의 재무 상태 및 경영성과를 판단하고 자본변동 및 현금흐름 등을 파악할 수 있다. 관리회계는 기업의 내부이해관계자인 경영자의 관리적 의사결정에 유용한 회계정보를 제공하는 것을 목적으로 한다. 경영자는 이러한 회계정보를 이용하여 다양한 기업에 대한 의사결정을 하고 경영 계획 실행 및 내부 통제와 관리를 할 수 있다.

구분	재무회계(외부보고)	관리회계(내부보고)
의의	기업의 재무상태, 경영성과, 자본변동, 현금흐름을 표시	의사결정을 위한 정보를 제공하며, 경영 계획, 통제를 위한 회계
목적	외부정보이용자의 경제적 의사결정에 유용한 정보를 제공 (투자 결정, 신용 결정 등)	경영자의 관리적 의사결정에 유용한 정보의 제공
보고대상	투자자, 채권자, 정부 등(외부정보이용자)	경영자, 관리자 등(내부정보이용자)
작성근거	일반적으로 인정된 회계원칙	의사결정에 목적 적합한 방법

구분	재무회계(외부보고)	관리회계(내부보고)
보고양식	재무제표	일정한 양식은 없음
보고시점 특징	보통 1년 단위(또는 분기, 반기) 과거 정보의 집계와 보고	수시 보고 미래에 관련된 정보 위주
법적강제력	있음	없음

(6) 일반목적 재무보고서가 제공하는 정보

① 경제적 자원과 청구권 : 보고기업의 경제적 자원과 청구권의 성격 및 금액에 대한 정보는 보고기업의 유동성과 지급 능력, 추가적인 자금 조달의 필요성 및 자금 조달의 성공 여부 가능성에 대한 평가를 하는데 도움을 준다.

② 경제적 자원 및 청구권의 변동 : 보고기업의 재무성과 및 채무상품 또는 지분상품의 발행과 같은 사건에서 발생한다. 이를 통해 미래 현금흐름에 대한 예상을 할 수 있다.

③ 발생주의 회계가 반영된 재무성과 : 발생주의 회계는 단순히 현금 수취와 지급을 통한 정보보다 기업의 과거 및 미래 성과를 평가하는데 더 나은 근거를 제공한다.

④ 과거 현금흐름이 반영된 재무성과 : 현금흐름에 대한 정보는 정보이용자가 보고기업의 영업을 이해하고 재무활동과 투자활동을 평가하며, 유동성이나 지급 능력을 평가하고 재무성과에 대한 그 밖의 정보를 해석하는 데 도움이 된다.

⑤ 재무성과에 기인하지 않는 경제적 자원 및 청구권의 변동을 확인할 수 있다.

❸ 회계원칙과 외부감사제도

(1) 회계원칙

1) 일반적으로 인정된 회계원칙

일반적으로 인정된 회계원칙(Generally Accepted Accounting Principles : GAAP)이란 다수의 권위 있는 전문가의 합의에 의하여 체계화된 회계행위의 지침이다. 이러한 회계행위의 지침은 영구불변의 진리가 아닌 사회적·경제적 환경에 따라 변화하는 특징이 있다.

2) 국제회계기준(K-IFRS)과 일반기업회계기준(K-GAAP)

우리나라는 상장기업, 상장 예정법인, 비상장 금융회사, 일부 공기업은 2011년부터 한국채택국제회계기준(K-IFRS)을 의무적으로 적용하게 되어 일반기업회계기준(K-GAAP)을 적용하는 비상장기업과 이원화되어 있다. 또한 외부감사를 받지 않는 소규모 기업의 경우 회계시스템이나 인력을 갖추는데 한계가 있기 때문에 별도로 중소기업회계기준을 제정하고 있다.

구분	한국채택국제회계기준(K-IFRS)	일반기업회계기준(K-GAAP)
회계처리방식	원칙중심(경제적 실질에 기초하여 합리적으로 회계 처리할 수 있도록 기본 원칙과 방법론을 제시하고 있음)	규칙중심(상세하고 구체적인 회계처리 방법을 제시하고 있음)
기본 재무제표	연결재무제표	개별재무제표
공정가치 적용	공정가치 회계를 확대 적용	제한적인 공정가치 회계 적용
공시	공시 항목의 확대	필요한 부분만 공시
기준제정	각국의 협업	독자적인 기준

(2) 회계감사제도

1) 목적

회계정보 공급자와 수요자 간의 정보 불균형 문제를 완화하기 위하여 기업의 재무제표는 외부감사인의 감사를 받으며, 감사를 받은 재무제표는 기업회계기준에 따라 중요성의 관점에서 공정하게 작성되었는지에 대하여 의견을 표명한다. 재무제표는 회계감사를 통해 비로소 신뢰할 수 있는 정보 원천이 된다.

2) 감사의견

감사의견은 외부 감사과정에서 감사 절차를 적절히 수행하였는지 여부, 회계기준에 따른 재무제표 작성 여부 및 계속기업으로서의 존속 가능성 등에 따라 적정의견, 한정의견, 부적정의견 및 의견거절로 구분된다.

① 적정의견

재무제표가 일반적으로 인정된 회계 처리기준에 따라 중요성의 관점에서 공정하게 표시하고 있다고 판단했을 경우에 표명된다.

② 한정의견

회계기준 위반이나 감사 범위의 제한으로 인한 영향이 중요하여 적정의견을 표명할 수는 없지만, 부정적의견이나 의견거절을 표명할 정도로는 중요하지 않거나 전반적이지 않은 경우에 한정의견이 표명된다.

재무제표에 중요한 왜곡표시가 존재하여 한정의견을 표명할 경우, 감사인은 감사의견에 "감사인의 의견으로는 별첨된 재무제표는 한정의견 근거 단락에 기술된 사항이 미치는 영향을 제외하고는"이라는 문구를 포함한다.

감사인이 충분하고 적합한 감사증거를 입수할 수 없어 한정의견으로 감사의견을 변형하면, 감사인은 변형의견에 대하여 "~의 사항이 미칠 수 있는 영향을 제외하고"라는 대응 문구를 사용해야 한다.

③ 부적정의견

회계기준위반으로 인한 영향이 매우 중요하고 전반적이어서 한정의견으로는 재무제표의 오류나 불완전성을 표현하기에 부적절하다고 판단한 경우나 재무제표 작성의 기초가 되는 계속기업의 가정이 타당하지 않다고 판단되는 경우 표명된다.

부적정의견을 표명하면, 부적정의견 근거 단락에 기술한 사항의 유의성 때문에 "감사인의 의견으로는 별첨된 재무제표는 부적정의견 근거 단락에 기술된 사항의 유의성으로 인하여, 중요성의 관점에서 한국채택국제회계기준에 따라 작성되지 않았습니다."라는 문구를 사용해야 한다.

④ 의견거절

의견거절은 감사 범위 제한에 따른 영향이 매우 중요하고 전반적이어서 감사인이 충분하고 적합한 감사증거를 획득할 수 없어 재무제표에 대한 감사의견 표명이 불가능한 경우에 표명된다.

의견거절을 표명하면, 의견거절 단락에 "본 감사인은 위 문단에서 기술한 사항의 유의성 때문에 상기 재무제표에 대한 의견을 표명하지 아니합니다."라는 문구를 사용해야 한다.

3) 외부감사대상

소규모 회사는 감사를 받는 것 자체가 부담이 될 수 있어 현재 우리나라는 아래의 표와 같이 일정한 조건을 충족한 회사에 한해서 회계감사를 의무적으로 받도록 하고 있다.

구분	주식회사	유한회사*
자산총액	500억 원 이상(직전 사업연도 말)	
매출액	500억 원 이상(직전 사업연도, 12개월 미만시 12개월로 환산)	
외부감사 제외대상 소규모회사	(소규모 회사 : 3가지 이상 해당) 자산 : 120억 원 미만 부채 : 70억 원 미만 매출액 : 100억 원 미만 종업원 수 : 100명 미만	(소규모 회사 : 3가지 이상 해당) 자산 : 120억 원 미만 부채 : 70억 원 미만 매출액 : 100억 원 미만 종업원 수 : 100명 미만 사원 수 : 50명 미만

(*) 기존에는 주식회사만 외부감사대상이었지만 2019년 11월부터 유한회사까지 확대되었음.

(3) 사업보고서 개요

1) 사업보고서 대상기업

자본시장법 §159 ①에 따르면, 사업보고서와 분·반기보고서 등 정기보고서 제출 대상법인은 다음과 같다.

- 주권상장법인, 기타 증권을 증권시장에 상장한 발행인
- 주권 등을 모집 또는 매출한 발행인
- 외감 대상법인 중 증권별로 증권의 소유자 수가 500인 이상인 발행인

2) 제출 시기

사업보고서의 경우 사업연도 경과 후 90일 이내, 분·반기보고서의 경우 분·반기 경과 후 45일 이내 제출해야 한다.

3) 기재사항

자본시장법 §159 ②에 따라 사업보고서와 분·반기보고서 등 정기보고서에는 재무 정보뿐만 아니라 비재무적 정보도 기재하여야 한다. 일반적인 정기보고서의 기재순서에 따른 목차는 다음과 같다.

목 차
1. 회사의 개요
2. 사업의 내용
3. 재무에 관한 사항
4. 감사인의 감사의견 등
5. 이사의 경영진단 및 분석의견
6. 이사회 등 회사의 기관에 관한 사항
7. 주주에 관한 사항
8. 임원 및 직원 등에 관한 사항
9. 계열회사 등에 관한 사항
10. 이해관계자와의 거래내용
11. 그 밖에 투자자 보호를 위하여 필요한 사항

④ 재무제표의 기본개념

(1) 재무제표의 정의

기업의 활동을 숫자의 집합으로 요약한 문서로서 기업의 재무와 성과에 관한 보고서를 말한다.

(2) 재무제표의 내용

기업(사업)은 자금을 조달하고, 조달한 자금을 투자한 후 이에 기초하여 영업활동을 통하여 이익을 창출하고 창출한 이익을 배분하는 과정으로 이해할 수 있다. 이러한 기업의 활동은 크게 자금의 조달과 관련한 재무활동, 조달한 자금의 투자와 관련한 투자활동, 그리고 투자에 기초한 영업활동의 세 가지 활동으로 구분할 수 있다.

재무상태표는 자금의 조달 및 투자와 관련한 내용을 보여주고 손익계산서는 영업활동을 통해 발생한 이익의 배분과 관련한 내용을 보여준다. 그리고 현금흐름표는 이러한 활동과 관련한 현금의 유입과 유출을 보여준다.

따라서 재무제표를 활용하여 회계 정보이용자는 기업의 유동성, 재무적 안정성, 수익성, 영업능력 등을 파악할 수 있다.

(3) 재무보고 개념체계

기업에는 주주 및 채권자를 비롯한 다양한 이해관계자들이 존재한다. 이러한 다양한 이해관계자들이 요구하는 재무 정보의 회계원칙에 대해 일관성 있게 제정 및 적용하기 위해서는 심의와 제정과정의 검토, 회계기준의 적용, 감사인의 의견형성, 재무제표의 해석 등에 지침이 필요한데 이 지침이 재무 보고 개념체계이다. 재무 보고 개념체계는 회계기준과 상충될 경우 회계기준이 우선하여 적용된다는 점을 주의하여야 한다.

재무 보고 목적	정보이용자가 의사결정하는데 유용한 정보를 제공

질적특성	1. 근본적 질적특성
	  1) 목적적합성 : 예측가치, 확인가치, 중요성
	  2) 충실한 표현 : 완전한 서술, 중립성, 오류 없는 서술
	2. 보강적 질적특성
	  비교가능성, 검증가능성, 적시성, 이해가능성

재무제표 구성요소	1. 기본가정 : 계속기업의 가정 2. 재무제표 요소 : 자산, 부채, 자본, 수익, 비용 3. 재무제표 요소의 인식과 측정

1) 재무 보고의 목적

재무 보고의 목적은 현재 및 잠재적 투자자와 대여자 및 기타 채권자가 기업에 자원을 제공하는 것에 대한 의사결정을 하는 데 유용한 정보를 제공하는 것이다. 유용한 정보가 되려면 투자나 신용제공에 따른 미래의 현금흐름에 관한 정보를 제공해야 하고 이를 위해서는 기업의 재무 상태, 경영성과, 현금흐름 및 자본변동에 관한 정보를 제공해야 하며, 이러한 재무적 정보는 경영자의 수탁책임을 평가하는 측면에서도 활용될 수 있다. 즉, 재무제표를 작성하여 정보이용자에게 제공함으로써 재무 보고의 목적을 달성하게 되는 것이다.

2) 근본적 질적특성과 보강적 질적특성

질적특성이란 재무제표를 통해 제공되는 정보가 정보이용자에게 유용하기 위해 갖추어야 할 속성을 말한다. 이러한 재무 정보가 의사결정에 유용하기 위해서는 목적 적합성과 충실한 표현의 두 가지 근본적인 질적특성과 목적 적합하고 충실하게 표현된 정보의 유용성을 보강시키는 비교가능성, 검증가능성, 적시성 그리고 이해가능성의 보강적 질적특성이 있다.

유용한 재무정보의 질적특성		내 용
근본적 질적특성	목적적합성	• 예측가치와 확인가치(의사결정에 차이를 발생) • 중요성(정보의 누락이 이용자의 의사결정에 영향)
	충실한 표현	서술이 완전하고 중립적이며, 오류가 없어야 함
보강적 질적특성	비교가능성	회계정보의 항목 간 유사점, 차이점 식별 및 이해
	검증가능성	경제적 현상을 충실히 표현하는지에 대한 검증에 도움을 줌
	적시성	정보이용자가 회계정보를 적시에 이용
	이해가능성	정보이용자가 쉽게 이해할 수 있어야 함

3) 개념체계의 기본가정(계속기업)

재무제표는 일반적으로 기업이 계속기업이며 예상 가능한 기간 동안 영업을 계속할 것이라는 가정 하에 작성된다. 따라서 기업은 경영활동을 청산하거나 중요하게 축소할 의도나 필요성을 갖고 있지 않다는 가정을 적용한다. 그러나 계속기업의 가정이 더 이상 타당하지 않다면 재무제표는 계속기업을 가정한 기준과는 다른 기준을 적용하여 작성하는 것이 필요하며, 이때 적용한 기준은 별도로 공시하여야 한다.

4) 재무제표의 기본요소

① 자산

과거 사건의 결과로 기업이 통제하고 있고 미래 경제적 효익이 기업에 유입될 것으로 기대되는 자원으로 정의한다. 자산에 내재된 미래 경제적 효익이란 직접 또는 간접적으로 미래 현금 및 현금성 자산이 기업에 유입되도록 기여하게 될 잠재력을 말한다.

② 부채

과거 사건에 의하여 발생하였으며, 경제적 효익을 갖는 자원이 기업으로부터 유출됨으로써 이행될 것으로 기대되는 현재 의무이다.

③ 자본

자본은 기업의 자산에서 모든 부채를 차감한 잔여 지분으로서, 순자산 또는 기업 실체의 자산에 대한 소유주의 잔여청구권을 의미한다.

④ 수익

수익은 자산의 유입이나 증가 또는 부채의 감소에 따라 자본의 증가를 초래하는 특정 회계기간 동안에 발생한 경제적 효익의 증가로서, 지분참여자에 의한 출연과 관련된 것은 제외한다.

⑤ **비용**

비용은 자산의 유출이나 소멸 또는 부채의 증가에 따라 자본의 감소를 초래하는 특정 회계기간 동안에 발생한 경제적 효익의 감소로서 자본참여자에 대한 분배와 관련된 것은 제외한다.

(4) 재무제표 요소의 인식과 측정

1) 재무제표 요소의 인식

인식이란 재무제표 요소의 정의에 부합하고 인식기준을 충족하는 항목을 재무상태표나 포괄손익계산서에 반영하는 과정을 말한다. 재무제표 요소의 정의에 부합하는 항목이 다음 기준을 모두 충족한다면 재무제표에 인식되어야 한다.

① 그 항목과 관련된 미래 경제적 효익이 기업에 유입되거나 기업으로부터 유출될 가능성이 높다.

② 그 항목의 원가 또는 가치를 신뢰성 있게 측정할 수 있다.

2) 재무제표 요소의 측정

측정이란 재무상태표와 포괄손익계산서에 인식되고 평가되어야 할 재무제표 요소의 화폐 금액을 결정하는 과정이다.

구분	자산의 측정	부채의 측정
역사적원가	자산을 취득하였을 때 그 대가로 지급한 현금 또는 현금성 자산이나 그 밖의 대가의 공정가치로 기록	그 부채를 부담하는 대가로 수취한 금액으로 기록
현행원가	동일하거나 동등한 자산을 현재 시점에 취득할 경우 그 대가로 지불해야 할 현금이나 현금성 자산의 금액으로 평가	현재 시점에서 그 의무를 이행하는데 필요한 현금이나 현금성 자산의 할인하지 않은 금액으로 평가
실현가능가치 이행가치	정상적으로 처분하는 경우 수취할 것으로 예상되는 현금이나 현금성 자산의 금액으로 평가 (실현가능가치)	정상적인 영업 과정에서 부채를 상환하기 위해 지급될 것으로 예상되는 현금이나 현금성 자산의 할인하지 않은 금액으로 평가 (이행가치)

구분	자산의 측정	부채의 측정
현재가치	정상적인 영업 과정에서 그 자산이 창출할 것으로 기대되는 미래 순현금유입액의 현재할인가치로 평가	정상적인 영업 과정에서 그 부채를 상환할 때 필요로 할 것으로 예상되는 미래 순현금유출액의 현재가치로 평가

(5) 재무제표의 종류와 표시

기업에 관한 재무 정보를 정보이용자에게 전달하기 위해서는 재무제표를 작성하여야 한다. 재무 보고의 목적을 달성하기 위하여 한국채택국제회계기준에서는 재무제표의 종류[1]로 재무상태표, 포괄손익계산서, 자본변동표, 현금흐름표를 언급하였고 주석을 포함시켰다.

1) 재무상태표

기업의 자산, 부채, 자본 정보를 보여줌으로써 일정 시점에서 기업이 소유한 경제적 자원 및 자금의 출처를 나타낸다.

2) 손익계산서

기업의 경영성과를 보여주는 중요한 재무제표로 일정기간 동안 경제적 자원을 이용해서 가치를 창출한 실적을 표시한다.

3) 현금흐름표

일정기간 동안 기업의 현금유입액과 현금유출액에 대한 재무 정보를 제공하는 재무제표로서 또 다른 측면에서 기업의 경영성과를 나타낸다.

4) 자본변동표

일정기간 동안 발생한 자본의 변동내역을 표시하는 재무제표이다.

5) 주석

재무제표에 표시되는 항목에 대한 추가적인 설명이나 재무제표에 표시하지 못한 비계량적인 정보 등을 추가로 기술하는 것을 말한다.

---

1) 일반기업회계기준에서는 재무상태표, 손익계산서, 현금흐름표, 자본변동표를 기본재무제표로 규정하고 있다.

⑤ 공시재무제표의 검색

주식 투자자를 비롯한 기업의 이해관계자들은 해당 기업의 사업내용, 재무 상황, 영업실적 등 중요한 내용을 금융감독원 전자공시시스템에서 열람 가능하다.

(1) 각종 포털 사이트에서 금융감독원 전자공시스템(Dart)을 검색

(2) Dart 이용 가이드

1) 공시서류검색

최근 공시된 공시보고서를 유가증권 상장회사, 코스닥 상장회사, 코넥스 시장, 기타법인(외감 대상 비상장법인 등), 지분공시(5%·임원보고), 펀드 공시, My 공시별로 볼 수 있는 화면이다.

① 왼쪽 메뉴에서 보고자 하는 공시분류를 선택한다. 유가증권시장, 코스닥시장, 코넥스시장, 기타법인을 한꺼번에 보려면 전체를 클릭한다.

② 유가증권시장을 클릭한다. 오른쪽 상단에서 최근 5영업일 간의 날짜를 선택할 수 있다.

③ 최근 5일 이외의 다른 날짜를 선택하려면 '날짜 선택' 버튼을 눌러 선택할 수 있다.

④ 데이터 정렬 버튼을 클릭하여 선택한 정렬 기준으로 내림차순, 오름차순으로 검색할 수 있다.

⑤ 공시 대상회사 명을 클릭하여 기업 개황 정보를 조회할 수 있다.

⑥ 보고서 명을 클릭하여 제출된 공시내용을 조회할 수 있다.

2) 공시자료 활용

사업보고서에는 재무 정보뿐만 아니라 비재무 정보 등 다양한 회사 내용을 찾아볼 수 있다.

① 사업보고서

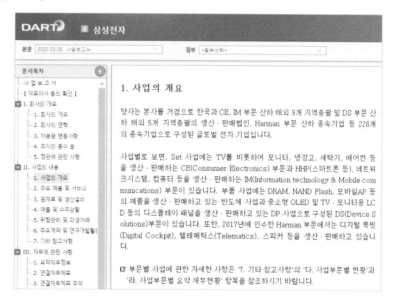

② 주요사항보고서

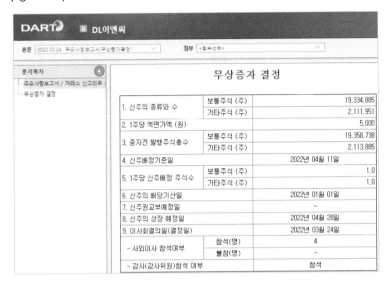

③ 시설투자

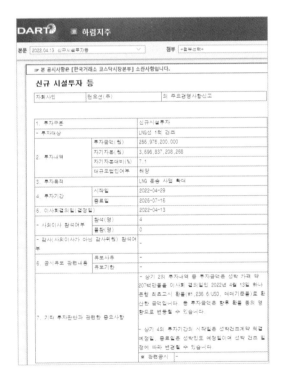

Quiz

1. 자본시장과 회계정보는 불가분의 관계에 있다. 회계정보의 개념 및 자본시장에서의 회계정보의 역할에 대해 설명해보시오.

   [정답] 기업은 경영활동에 필요한 자금을 자본시장에서 조달하며, 투자자는 자신의 부를 증가시키려는 목적으로 자본시장에 자금을 투자한다. 이 과정에서 기업과 투자자 사이의 정보비대칭 문제가 발생하게 되는데, 회계정보는 자금수요자와 공급자 간의 정보불균형을 해소하여 자본의 효율적 배분이 이루어지도록 한다.

2. 회계는 보고 목적에 따라 재무회계와 관리회계로 분류되는데 두 가지 회계방식을 비교 설명해보시오.

   [정답] 회계는 보고 목적에 따라 재무회계와 관리회계로 구분되며, 구분 목적에 따라 다음과 같이 비교해 볼 수 있다.

구분	재무회계(외부보고)	관리회계(내부보고)
의의	기업의 재무상태, 경영성과, 자본변동, 현금흐름을 표시	의사결정을 위한 정보를 제공하며, 경영 계획, 통제를 위한 회계
목적	외부정보이용자의 경제적 의사결정에 유용한 정보를 제공 (투자 결정, 신용 결정 등)	경영자의 관리적 의사결정에 유용한 정보의 제공
보고대상	투자자, 채권자, 정부 등 (외부정보이용자)	경영자, 관리자 등 (내부정보이용자)
작성근거	일반적으로 인정된 회계원칙	의사결정에 목적 적합한 방법
보고양식	재무제표	일정한 양식은 없음
보고시점 특징	보통 1년 단위 (또는 분기, 반기) 과거 정보의 집계와 보고	수시 보고 미래에 관련된 정보 위주
법적강제력	있음	없음

3. 회계감사제도의 목적과 감사의견 종류 및 내용을 간략히 기술하시오.

[정답] 회계정보 공급자와 수요자 간의 정보불균형 문제를 완화시키기 위하여 기업의 재무제표
는 외부감사인의 감사를 받으며, 감사를 받은 재무제표는 기업회계기준에 따라 중요성의
관점에서 공정하게 작성되었는지의 여부에 대하여 의견을 표명한다. 재무제표는 회계감
사를 통해 비로소 신뢰할 수 있는 정보원천이 된다.
감사의견은 외부감사과정에서 감사절차를 적절히 수행하였는지 여부, 회계기준에 따른
재무제표 작성 여부 및 계속기업으로서의 존속가능성 등에 따라 적정의견, 한정의견, 부적
정의견 및 의견거절로 구분된다.
① 적정의견
재무제표가 일반적으로 인정된 회계처리기준에 따라 중요성의 관점에서 공정하게 표
시하고 있다고 판단했을 경우에 표명된다.
② 한정의견
회계기준 위반이나 감사범위의 제한으로 인한 영향이 중요하여 적정의견을 표명할 수
는 없지만, 부정적의견이나 의견거절을 표명할 정도로는 중요하지 않거나 전반적이지
않은 경우에 한정의견이 표명된다.
③ 부적정의견
회계기준위반으로 인한 영향이 매우 중요하고 전반적이어서 한정의견으로는 재무제표
의 오류나 불완전성을 표현하기에 부적절하다고 판단한 경우나 재무제표 작성의 기초
가 되는 계속기업의 가정이 타당하지 않다고 판단되는 경우 표명된다.
④ 의견거절
의견거절은 감사범위 제한에 따른 영향이 매우 중요하고 전반적이어서 감사인이 충분
하고 적합한 감사증거를 획득할 수 없어 재무제표에 대한 감사의견 표명이 불가능한
경우에 표명된다.

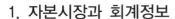

1. 자본시장과 회계정보

정보 비대칭 문제를 해결하기 위해 기업은 외부감사인의 감사를 받은 재무제표를 외부에 제공하며, 정보 중개 기관은 재무제표를 가공한 회계정보를 투자자들에게 제공한다. 투자자들은 재무제표 및 가공된 회계정보를 활용하여 투자 중개 기관을 통해 기업에 투자를 하게 된다.

2. 회계정보의 기본개념

(1) 회계의 정의

회계란 기업이 재무 상태와 경영성과에 관한 정보를 정보이용자들에게 제공하기 위해 기업의 경제적 사건 및 거래를 화폐단위로 측정하여 보고하는 것이다.

(2) 회계정보와 재무제표

회계 프로세스를 통해 제공되는 정보를 회계정보라고 하며, 이러한 회계정보를 제공하는 수단을 재무제표라고 한다.

(3) 회계정보의 중요성

정보 불균형으로 인해 투자자들이 잘못된 의사결정을 하지 않도록 기업은 회계정보를 외부에 공표하게 되는데, 이렇게 기업이 회계정보를 투자자들에게 제공함으로써 사회 전체적으로는 한정된 자원의 효율적 배분이 이루어진다.

(4) 회계의 분류

구분	재무회계(외부보고)	관리회계(내부보고)
의의	기업의 재무상태, 경영성과, 자본변동, 현금흐름을 표시	의사결정을 위한 정보를 제공하며, 경영 계획, 통제를 위한 회계

구분	재무회계(외부보고)	관리회계(내부보고)
목적	외부정보이용자의 경제적 의사결정에 유용한 정보를 제공 (투자 결정, 신용 결정 등)	경영자의 관리적 의사결정에 유용한 정보를 제공
보고대상	투자자, 채권자, 정부 등(외부정보이용자)	경영자, 관리자 등(내부정보이용자)
작성근거	일반적으로 인정된 회계원칙	의사결정에 목적적합한 방법
보고양식	재무제표	일정한 양식은 없음
보고시점 특징	보통 1년 단위 (또는 분기, 반기) 과거 정보의 집계와 보고	수시 보고 미래에 관련된 정보 위주
법적강제력	있음	없음

(5) 일반목적 재무보고서가 제공하는 정보

① 경제적 자원과 청구권
② 경제적 자원 및 청구권의 변동
③ 발생주의 회계가 반영된 재무성과
④ 과거 현금흐름이 반영된 재무성과
⑤ 재무성과에 기인하지 않는 경제적 자원 및 청구권의 변동

3. 회계원칙과 외부감사제도

(1) 국제회계기준(K‒IFRS)과 일반기업회계기준(K‒GAAP)

구분	한국채택국제회계기준(K‒IFRS)	일반기업회계기준(K‒GAAP)
회계처리방식	원칙중심 (경제적 실질에 기초하여 합리적으로 회계처리할 수 있도록 기본원칙과 방법론을 제시하고 있음)	규칙중심 (상세하고 구체적인 회계처리 방법을 제시하고 있음)
기본 재무제표	연결재무제표	개별재무제표
공정가치 적용	공정가치 회계를 확대 적용	제한적인 공정가치 회계 적용
공시	공시 항목의 확대	필요한 부분만 공시
기준제정	각국의 협업	독자적인 기준

(2) 회계감사제도

감사의견은 외부 감사과정에서 감사 절차를 적절히 수행하였는지 여부, 회계기준에 따른 재무제표 작성 여부 및 계속기업으로서의 존속 가능성 등에 따라 적정의견, 한정의견, 부적정의견 및 의견거절로 구분된다.

(3) 사업보고서 개요

1) 사업보고서 대상기업

- 주권상장법인, 기타 증권을 증권시장에 상장한 발행인
- 주권 등을 모집 또는 매출한 발행인
- 외감 대상법인 중 증권별로 증권의 소유자 수가 500인 이상인 발행인

2) 제출시기

사업보고서의 경우 사업연도 경과 후 90일 이내, 분·반기보고서의 경우 분·반기 경과 후 45일 이내 제출해야 한다.

4. 재무제표의 기본개념

(1) 재무제표의 정의

기업의 활동을 숫자의 집합으로 요약한 문서로서 기업의 재무와 성과에 관한 보고서를 말한다.

(2) 재무보고 개념체계

재무보고 목적	정보이용자가 의사결정하는데 유용한 정보를 제공
질적특성	1. 근본적 질적특성 　1) 목적적합성 : 예측가치, 확인가치, 중요성 　2) 충실한 표현 : 완진한 서술, 중립성, 오류 없는 서술 2. 보강적 질적특성 　비교가능성, 검증가능성, 적시성, 이해가능성
재무제표 구성요소	1. 기본가정 : 계속기업의 가정 2. 재무제표 요소 : 자산, 부채, 자본, 수익, 비용 3. 재무제표 요소의 인식과 측정

Chapter **3**

재무상태표의 활용

학습목차	학습목표
1. 재무상태표의 이해 2. 손익계산서의 이해 3. 현금흐름표의 이해	재무상태표의 작성 방법을 학습하고 재무제표를 이용한 경영분석의 기초를 이해한다.

 재무상태표의 이해

(1) 재무상태표의 구조

재무상태표는 특정 시점의 재무 상태를 나타내는 정태적인 재무제표로서 기업이 소유하고 있는 기업의 자산, 경제적 자원에 대한 의무(부채) 및 소유주 지분(자본)의 잔액을 보고하며, 일반기업회계기준에서 규정하는 대차대조표와 동일한 재무제표이다.

재무상태표는 기업의 재무구조, 유동성과 지급 능력, 영업 환경변화에 대한 적응 능력을 평가하는데 필요한 정보를 제공한다.

1) 공시용 재무상태표

차변	대변
유동자산	유동부채
	비유동부채
비유동자산	
	자본

2) 재무제표 분석용 재무상태표

(운용 측면)	(조달 측면)
순운전자본 = 유동자산 – 유동부채	비유동부채
영업용 고정자산	
비영업용 자산 : 초과 현금, 금융상품	자본

① 자산은 기업이 보유하고 있는 경제적 자원으로서 미래 경제적 효익(현금유입)의 유입을 의미하는데, 다시 말하면 자산은 기업의 영업활동과 투자활동의 결과를 보여준다.
② 부채와 자본은 투자에 필요한 자금의 조달 내역으로 기업의 재무 활동 결과를 보여준다.
③ 회계등식 : 자산 = 부채 + 자본

(2) 재무상태표에 표시되는 정보

일반기업회계기준에서는 재무상태표의 형식을 구체적으로 제시하고 개별 항목을 상세하게 예시하고 있으나, 한국채택국제회계기준에서는 재무상태표에 포함될 최소한의 항목을 대분류 수준에서만 예시하고 있다. 또한 재무상태표의 형식이나 항목의 순서를 제시하고 있지 않다. 즉, 기업마다 재무상태표의 양식 및 재무상태표에 포함할 항목을 재량적으로 결정하는 것이 가능하다.

자산	부채 및 자본
① 현금 및 현금성 자산 ② 매출채권 및 기타채권 ③ 재고자산 ④ 당기법인세 관련 자산 ⑤ 이연법인세자산 ⑥ 유형자산 ⑦ 투자부동산 ⑧ 무형자산 ⑨ 금융자산 ⑩ 지분법 투자자산	① 매입채무 및 기타채무 ② 당기법인세 관련 부채 ③ 이연법인세부채 ④ 충당부채 ⑤ 금융부채 ⑥ 매각 예정 자산집단에 포함된 부채 ⑦ 지배기업소유주 귀속 자본 ⑧ 비지배지분

자산	부채 및 자본
⑪ 생물자산 ⑫ 매각 예정 비유동자산과 매각 예정 자산집 　단에 포함된 자산	

1) 자산

자산은 다음의 경우에 유동자산으로 분류하며, 그 밖의 모든 자산은 비유동자산으로 분류한다.

① 기업이 정상영업주기 내에 실현될 것으로 예상되거나 정상영업주기 내에 판매하거나 소비될 의도가 있다.

② 주로 단기매매 목적으로 보유하고 있다.

③ 보고 기간 후 12개월 이내에 실현될 것으로 예상한다.

④ 현금이나 현금성 자산으로서, 교환이나 부채상환 목적으로의 사용에 대한 제한 기간이 보고 기간 후 12개월 이상이 아니다.

유동/비유동	일반기업회계기준	계정과목	한국채택국제회계기준
유동자산	당좌자산	현금 및 현금성 자산, 단기금융상품, 매출채권 등	금융자산
	재고자산	상품, 제품, 원재료 등	재고자산
비유동자산	투자자산	장기금융상품, 장기대여금 등	투자부동산, 금융자산
	유형자산	토지, 건물, 비품, 차량 운반구 등	유형자산
	무형자산	영업권, 산업재산권, 개발비 등	무형자산
	기타 비유동자산	임차보증금, 장기매출채권, 장기미수금 등	기타 비유동자산

2) 부채

부채는 다음의 경우에 유동부채로 분류하며, 그 밖의 모든 부채는 비유동부채로 분류한다.

① 정상영업주기 내에 결제될 것으로 예상된다.

② 주로 단기매매 목적으로 보유하고 있다.

③ 보고 기간 후 12개월 이내에 결제하기로 되어 있다.

④ 보고 기간 후 12개월 이상 부채의 결제를 연기할 수 있는 무조건의 권리를 가지고 있지 않다.

유동/비유동	계정과목
유동부채	매입채무, 단기차입금, 미지급금, 선수금, 예수금, 미지급비용, 미지급법인세, 미지급배당금, 유동성장기부채, 선수수익 등
비유동부채	사채, 장기차입금, 장기매입채무 등

3) 자본

한국채택국제회계기준상 자본은 납입자본, 적립금, 비지배지분(연결재무상태표의 경우에만 표시됨)으로 분류하도록 하고 있는데, 납입자본과 적립금은 자본금, 주식발행초과금, 적립금 등과 같이 다양한 분류로 세분화할 수 있다. 자본의 분류는 다음과 같다.

분류	계정과목
자본금	보통주자본금, 우선주자본금
자본잉여금	주식발행초과금, 감자차익, 자기주식처분이익 등
자본조정	주식할인발행차금, 감자차손, 자기주식, 자기주식처분손실 등
기타포괄손익누계액	매도가능금융자산평가손익, 해외사업환산손익 등
이익잉여금	법정적립금, 임의적립금, 미처분이익잉여금 등

(3) 재무상태표의 활용

1) 투자의 적정성 검토

- 회사의 자산은 효율적으로 활용되고 있는가?
- '투자수익률 〉 자본비용' 경우 효율적 투자임

[제조업의 기업 세전 이익률, 차입금평균이자율]

(단위 : %)

구분	2015	2016	2017	2018	2019	2020
기업 세전 이익률 (a)	6.70	9.43	8.67	4.54	4.41	6.70
차입금평균이자율 (b)	3.38	3.22	3.46	3.39	3.01	3.38
Diff. (a−b)	3.32	6.21	5.21	1.15	1.40	3.32

(출처 : 한국은행)

① 기업 세전 이익률((세전이익 + 이자 비용)/총자산)은 자금의 원천에 관계없이 기업에 투자된 총자본이 얼마나 효율적으로 운영되었는지를 나타내는 지표이다.

② 차입금평균이자율은 기업의 자기자본비용까지 고려하지는 못하지만 어느 정도 자본비용을 반영하고 있다고 가정하면 기업 세전 이익률과 차입금평균이자율의 차이는 기업이 얼마나 효율적으로 투자를 하고 있는지를 보여준다.

③ 실제로 위의 자료를 살펴보면, 우리나라 기업은 꾸준히 이자 비용 이상의 투자수익을 얻고 있다.

2) 투자와 자금조달의 적합성 검토

- 회사가 투자와 장단기 자금조달을 잘하고 있는가?
- 단기투자와 단기자금조달간의 적정성 : 유동비율
- 장기투자와 장기자금조달간의 적정성 : 고정장기적합률 (= 비유동장기적합률)

[제조업의 유동비율, 고정장기적합률]

(단위 : %)

구분	2015	2016	2017	2018	2019	2020
유동비율	139.55	140.78	140.95	148.18	149.32	145.23
고정장기적합률	85.02	84.83	84.87	83.53	83.96	84.58

(출처 : 한국은행)

① 투자 측면에서 유동자산은 단기투자, 비유동자산은 장기투자로 볼 수 있고 자금조달의 측면에서는 유동부채는 단기자금조달, 비유동부채와 자본은 장기자금조달로 이해할 수 있다.

② 유동비율(=유동자산/유동부채)은 단기투자와 단기자금조달간의 적합성을 나타내는 비율이고 고정장기적합률[(비유동자산/(비유동부채+자기자본)]은 장기투자와 장기자금조달간의 적합성을 나타내는 비율이라고 할 수 있다.

③ 상기 표에서 보여지듯이 유동비율이 증가하면 고정장기적합률은 하락하고, 반대로 유동비율이 감소하면 비유동장기적합률은 상승한다.

④ 따라서 유동비율을 높게 유지하면 그 기업의 유동성은 좋아지지만 지나치게 유동비율이 높은 경우에는 수익성이 나빠진다. 반대로 유동비율을 낮게 유지하면 그 기업의 수익성은 좋아지지만 지나치게 유동비율이 낮은 경우에는 유동성이 악화된다.

3) 재무위험 검토

- 청산시 채무자에 대한 보호가 가능한가?
- 부채비율
- 이자보상비율

[양호기업과 불량기업 비교]

양호기업 (단위 : 천원)

요약 재무상태표			
자산	100,000	부채	50,000
		자본	50,000
	100,000		100,000

불량기업 (단위 : 천원)

요약 재무상태표			
자산	100,000	부채	70,000
		자본	30,000
	100,000		100,000

① 양호기업이 청산할 경우 채권자의 입장에서는 자산의 처분가치가 50,000천 원 이상이면 아무런 손해를 보지 않는다. 기업이 청산할 때, 잔여재산 분배에 있어 채권자에게 우선권이 있기 때문이다.

② 불량기업의 경우는 단순히 부채가 20,000천 원이 더 많은 것에 불과할 지 모르지만 기업이 청산할 경우 채권자의 입장에서는 자산의 처분가치가 최소한 70,000천 원 이상이 되어야 아무런 손해를 보지 않기 때문에 부담이 훨씬 크다.

③ 따라서 채권자이건 주주이건 불량기업에 대해 더 큰 위험을 느끼며, 이것이 바로 재무상태표 대변(오른쪽)의 구성인 자본구조 또는 재무구조의 차이로 인한 재무위험이다.

④ 재무구조에 따른 위험 측정 도구로는 부채비율 및 이자보상비율이 있다.

❷ 손익계산서

(1) 손익계산서의 구조

기업의 경영성과를 보여주는 중요한 재무제표로 일정기간 동안 경제 자원을 이용해서 가치를 창출한 실적을 표시한다. 한국채택국제회계기준에서 요구하는 포괄손익계산서에서는 당기순손익뿐만 아니라 기타포괄손익[2]의 당기 변동액도 표시된다는 점이 일반기업회계기

---

2) 당기순손익을 구성하지 않고 직접재무상태표의 자본으로 인식하는 것으로 이를 기타포괄손익이라고 한다.

준에서 제시하고 있는 손익계산서와 다른 점이다.

1) 공시용 포괄손익계산서

포괄손익계산서

○○ 회사	×1년 1월 1일부터 ×1년 12월 31일까지 (단위 : 백만 원)
매출액	×××
매출원가	×××
매출총이익	×××
판매비	×××
관리비	×××
영업이익	×××
기타수익	×××
기타비용	×××
금융수익	×××
금융비용	×××
법인세비용차감전순이익	×××
법인세비용	×××
당기순이익	×××
기타포괄손익	×××
총포괄이익	

2) 재무제표 분석용 손익계산서

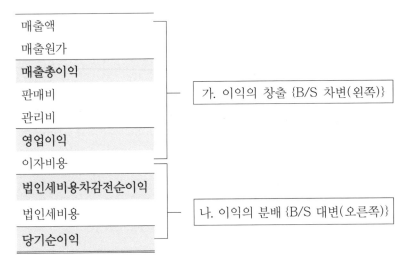

매출액
매출원가
매출총이익
판매비
관리비
영업이익
— 가. 이익의 창출 {B/S 차변(왼쪽)}

이자비용
법인세비용차감전순이익
법인세비용
당기순이익
— 나. 이익의 분배 {B/S 대변(오른쪽)}

① 매출액부터 영업이익까지는 이익의 발생 과정을 나타내고 영업이익부터 당기순이익까지는 이익의 분배 과정으로 나누어 볼 수 있다.

  가. 이익의 발생 : 기업이 보유한 경제적 자원인 자산을 활용하여 이익을 창출하는 과정을 보여준다. 영업이익의 규모는 기업이 얼마나 큰 파이를 굽고 있는지를 보여준다.

  나. 이익의 분배 : 이익의 분배 과정은 이미 창출된 영업이익을 몇 조각으로 나누는가의 문제에 불과하므로 기업 가치를 증대를 위해서는 영업이익의 절대적 크기를 키우는 것이 중요하다.

② 따라서 이익의 창출 과정은 기업의 자본 구조와 무관하며, 매출액부터 영업이익까지는 재무상태표의 차변(왼쪽)과 직접적으로 관련이 있다.

(2) 손익계산서에 표시되는 정보

① 수익(유효이자율법을 사용하여 계산한 이자수익은 별도 표시)
② 금융 원가(이자 비용)
③ 지분법 적용대상인 관계기업과 공동기업의 당기순손익에 대한 지분
④ 법인세비용
⑤ 중단 영업의 합계를 표시하여 단일금액

(3) 손익계산서의 활용

1) 매출의 수익성 검토

① 매출 1원당 발생한 수익은 얼마인가?
  → 매출총이익률 = 매출총이익 / 매출액
② 영업을 통해 발생한 수익은 얼마인가?
  → 영업이익률 = 영업이익 / 매출액
③ 올해 수익은 얼마인가?
  → 당기순이익률 = 당기순이익 / 매출액

2) 투자 및 영업활동의 효율성 측정

▶ **투자로부터 창출된 이익은 얼마인가?**

① 기업의 투자를 나타내는 자산과 투자로부터 창출한 이익을 비교함으로써 투자의 효율성을 측정할 수 있다.

   가. 기업 세전 이익률 (ROA) : (세전이익 + 이자 비용) / 총자산

   나. 자기자본순이익률 (ROE) : 당기순이익 / 자기자본

   다. 투하자본이익률 (ROIC) : 세후순영업이익 (NOPAT) / 영업투하자본

② 자산과 매출액을 비교함으로써 영업활동의 효율성을 측정할 수 있다. 매출액을 자산으로 나눈 자산회전율은 기업이 보유한 자산으로 얼마나 많은 매출액을 발생시키는지를 파악할 수 있게 해주며, 또한 이러한 비율은 경영자가 매출액을 창출하는 과정에서 자산을 어떻게 통제하고 있는지를 보여준다. 예를 들어 매출채권회전율 (=매출액 / 평균 매출채권)은 그 비율이 높을수록 매출채권을 적절하게 통제하고 있다는 것을 보여준다.

3) 매출 대비 비용의 구조 측정

▶ **매출 1원을 발생시키기 위해 필요한 비용은?**

28. 비용의 성격별 분류

당기와 전기 중 발생한 비용의 성격별로 분류한 내역은 다음과 같습니다.

(단위 : 백만 원)

구분	당기	전기
재고자산의 변동	619,074	80,206
원재료 및 상품 사용액	37,011,195	32,802,983
종업원 급여	6,392,003	6,190,429
감가상각비	1,671,025	1,548,767
무형자산상각비	1,432,948	1,232,285
기타	8,415,867	8,869,711
계[*]	55,542,112	50,724,381

(출처 : Dart__FY2020 현대자동차)

(*) 매출원가, 판매비와 관리비, 기타비용의 합계임.

① 성격별 표시 방법은 비용을 상품매입액, 종업원 급여, 감가상각비 등의 성격별로 구분하여 표시하는 방법이며, 매출을 발생시키는데 필요한 비용의 구조를 보여준다.[3]

4) 이익의 분배 과정

▶ 영업이익은 어떻게 분배되는가?

구분	귀속자
영업이익	
이자 비용	→ 채권자
법인세비용차감전순이익	
법인세비용	→ 국가, 지자체
당기순이익	→ 주주

→ 영업이익 = 이자 비용 + 법인세비용 + 당기순이익

① 영업이익은 채권자에게 이자 비용의 형태로 배분되고, 국가나 지방자치단체에게 법인세의 형태로 배분되며 나머지는 주주에게 귀속된다.

② 각 이해관계자에게 배분되는 몫은 재무상태표 대변(오른쪽)의 구성에 따라 달라지는데, 가령 부채의 비중이 높은 기업은 채권자에게 배분되는 몫이 상대적으로 증가하게 된다.

③ 채권자에 대한 보상의 정도를 측정하기 위해 이자보상비율(=영업이익 / 이자 비용)을 사용하며, 이자보상비율이 100% 이하이고 이런 상황이 지속된다면 해당 기업의 생존 가능성은 높지 않다고 볼 수 있다.

④ 주주에 대한 보상의 정도를 측정하기 위해 자기자본순이익률(=당기순이익 / 자기자본)을 사용하며, 자기자본순이익률은 주주들에게 귀속되는 이익과 주주들의 투자금액을 비교함으로써 주주들에 대한 보상 수준을 측정하는 것이다.

---

3) 기능별 표시방법은 비용을 매출원가, 판관비 등의 기능별로 통합하여 표시하는 방법이며, 매출을 발생시키는데 필요한 원가배분 후의 비용분류 방법이다.

③ 현금흐름표

(1) 현금흐름표의 구조

　현금흐름표는 기업의 현금 및 현금성 자산에 대한 창출 능력과 기업의 현금흐름 사용 필요성에 대한 평가의 기초를 재무제표이용자에게 제공하는 재무제표로서 영업활동으로 인한 현금흐름, 투자활동으로 인한 현금흐름 및 재무활동으로 인한 현금흐름으로 구분하여 표시한다.

1) 공시용 현금흐름표

　현금흐름표는 영업활동 현금흐름, 투자활동 현금흐름, 재무활동 현금흐름으로 구성된다. 영업활동현금흐름은 사업 활동의 지속, 차입금의 상환, 배당금 지급 등에 필요한 현금을 외부로부터 조달하지 않고 제품의 생산과 판매 활동, 상품과 용역의 구매와 판매 활동 및 관리 활동 등 자체적인 영업활동으로부터 얼마나 창출하였는지에 대한 정보를 제공한다. 투자활동 현금흐름은 미래이익과 미래 영업현금흐름을 창출할 자원의 확보와 처분에 관련된 현금흐름에 대한 정보를 제공한다. 재무활동 현금흐름은 주주, 채권자 등이 미래 현금흐름에 대한 청구권을 예측하는데 유용한 정보를 제공하며, 영업활동 및 투자활동의 결과 창출된 잉여현금흐름이 어떻게 배분되는지를 보여준다.

현금흐름표

○○ 회사　　　　×1년 1월 1일부터 ×1년 12월 31일까지	(단위 : 백만 원)
Ⅰ. 영업활동으로 인한 현금흐름	×××
Ⅱ. 투자활동으로 인한 현금흐름	×××
Ⅲ. 재무활동으로 인한 현금흐름	×××
Ⅳ. 현금의 증가(감소)	×××
Ⅴ. 기초의 현금	×××
Ⅵ. 기말의 현금	×××

① 현금흐름표는 다음의 항목들을 평가하는데 이용된다.

　가. 미래의 현금창출능력

　나. 부채상환 능력

다. 배당금 지급 능력

라. 외부 자금조달의 필요성

② 영업활동으로 인한 현금흐름이 음수인 경우 투자활동으로부터 자금을 창출하지 못한 다면 이 기업은 기존에 보유하고 있는 현금을 사용하거나 또는 외부에서 자금을 조달 해야 한다. 또한 영업활동으로 인한 현금흐름이 양수인 경우라고 하더라도 투자활동 에 사용한 현금이 영업활동에서 창출한 현금의 규모를 초과하는 경우에는 상황이 비 슷하다고 할 수 있다.

③ 영업활동으로 인한 현금흐름을 매출액이나 총자산과 비교함으로써 매출액이나 자산 이 창출하는 현금흐름의 규모를 파악할 수 있으며, 또한 영업활동으로 인한 현금흐름 을 투자활동으로 인한 현금흐름과 비교함으로써 외부 자금조달의 필요성에 대해서도 파악할 수 있다.

④ 발생주의에 따라 여러가지 가정과 추정에 의하여 산정된 당기순이익은 궁극적으로 기 업의 현금흐름 창출능력과 차이가 날 수 있다. 이를 보완하기 위하여 현금주의에 의한 정보가 보완적으로 제공되어야 하며, 영업활동 현금흐름은 일정 기간 동안 기업의 현 금성과를 나타내기 때문에 기업이 보고한 '이익의 질(earnings quality)'을 평가하는 데 유용하다.

(2) 현금흐름표의 이해

1) 영업활동으로 인한 현금흐름 = ① + ② + ③ + ④

① 당기순이익

② 현금의 유출이 없는 비용 등의 가산 (감가상각비, 무형자산상각비 등)

③ 현금의 유입이 없는 수익 등의 차감

④ 영업활동으로 인한 자산, 부채의 변동

2) 당기순이익을 창출하고 있는 기업의 경우

① 일반적으로 '현금의 유출이 없는 비용 등' 〉 '현금의 유입이 없는 수익 등'이다. 따라서 일반적으로 영업활동 현금흐름은 당기순이익보다 큰 것이 일반적이다.

② 그럼에도 불구하고 영업활동으로 인한 현금흐름이 음수인 기업은 영업활동으로 인한 자산, 부채(운전자본)의 변동이 큰 음수이기 때문이다. 특히 이 경우 운전자본의 변동 은 매출채권, 재고자산의 증가가 이유인 경우가 대부분이며, 이러한 기업은 재고자산

이나 매출채권이 계속해서 증가함으로써 유동비율이나 당좌비율에는 큰 문제가 없는 것으로 나타난다.

③ 현금흐름등식 : 영업활동 현금흐름 − 투자활동 현금흐름 + 재무활동 현금흐름 = 0

(3) 현금흐름의 실제

구 분	A기업	B기업
영업활동 현금흐름	200	(−)100
투자활동 현금흐름	(−)250	(−)80
재무활동 현금흐름	50	180

① 위의 두 기업의 차이점은 영업활동 현금흐름이 A기업은 양수(+)이고, B기업은 음수 (−)라는 것이다. 따라서 영업활동 현금흐름만을 고려할 경우 A기업은 정상기업이고 B기업은 부실가능성이 있는 기업이라고 할 수 있다.

② 그런데 영업활동 현금흐름과 투자활동 현금흐름을 모두 고려할 경우 두 기업의 현금 흐름은 모두 음수(−)이다. 즉 두 기업 모두 자금부족으로 인해 차입, 신규출자 등의 재무활동을 통해 자금을 조달하고 있다는 것이다.

Quiz

1. 다음 재무제표의 구성요소가 아닌 것은 무엇인가?

① 재무상태표

② 손익계산서

③ 주석

④ 이익잉여금처분계산서

[정답] ④

[해설] 재무제표의 구성요소는 재무상태표, (포괄)손익계산서, 현금흐름표, 자본변동표, 주석이다.

2. 다음 항목 중 (A)에 들어갈 단어로 올바른 것은 무인인가?

유동 / 비유동	계정과목	한국채택국제회계기준
유동자산	현금 및 현금성 자산, 단기금융상품, 매출채권 등	(A)
	상품, 제품, 원재료 등	
비유동자산	장기금융상품, 장기대여금 등	
	토지, 건물, 비품, 차량운반구 등	
	영업권, 산업재산권, 개발비 등	
	임차보증금, 장기매출채권, 장기미수금 등	

① 재고자산

② 금융자산

③ 유형자산

④ 기타비유동자산

[정답] ②

[해설] 금융자산의 주요 계정과목은 현금 및 현금성 자산, 매출채권, 단기금융상품 등이 있다.

3. 다음 항목 중 유동부채의 항목으로 올바른 설명이 아닌 것은?

① 정상영업주기 내에 결제될 것으로 예상된다.

② 주로 단기매매 목적으로 보유하고 있다.

③ 보고 기간 후 12개월 이상 부채의 결제를 연기할 수 있는 무조건의 권리를 가지고 있지 않다.

④ 유동부채 예로는 매입채무, 단기차입금, 미지급금, 선수금, 예수금, 미지급비용, 미지급법인세, 미지급배당금, 사채 등이 있다.

[정답] ④
[해설] 사채는 유동부채 항목이 아닌 비유동부채에 해당된다.

4. 다음 항목 중 자본의 항목이 올바르지 않은 것은 ?

번호	분류	계정과목
①	자본금	보통주자본금, 우선주자본금
②	자본잉여금	주식발행초과금, 감자차익, 자기주식처분이익, 자기주식처분손실 등
③	자본조정	주식할인발행차금, 감자차손, 자기주식 등
④	기타포괄손익누계액	매도가능금융자산평가손익, 해외사업환산손익 등

[정답] ②
[해설] 자기주식처분손실은 자본조정에 해당된다.

1. 재무상태표의 이해

(1) 재무상태표의 구조

재무상태표는 특정 시점의 재무 상태를 나타내는 정태적인 재무제표로서 기업이 소유하고 있는 기업의 자산, 경제적 자원에 대한 의무(부채) 및 소유주 지분(자본)의 잔액을 보고하며, 일반기업회계기준에서 규정하는 대차대조표와 동일한 재무제표이다.

재무상태표는 기업의 재무구조, 유동성과 지급 능력, 영업 환경변화에 대한 적응 능력을 평가하는데 필요한 정보를 제공한다.

1) 자산

유동/비유동	일반기업회계기준	계정과목	한국채택국제회계기준
유동자산	당좌자산	현금 및 현금성 자산, 단기금융상품, 매출채권 등	금융자산
	재고자산	상품, 제품, 원재료 등	재고자산
비유동자산	투자자산	장기금융상품, 장기대여금 등	투자부동산, 금융자산
	유형자산	토지, 건물, 비품, 차량운반구 등	유형자산
	무형자산	영업권, 산업재산권, 개발비 등	무형자산
	기타비유동자산	임차보증금, 장기매출채권, 장기미수금 등	기타비유동자산

2) 부채

유동/비유동	계정과목
유동부채	매입채무, 단기차입금, 미지급금, 선수금, 예수금, 미지급비용, 미지급법인세, 미지급배당금, 유동성장기부채, 선수수익 등
비유동부채	사채, 장기차입금, 장기매입채무 등

3) 자본

분류	계정과목
자본금	보통주자본금, 우선주자본금
자본잉여금	주식발행초과금, 감자차익, 자기주식처분이익 등
자본조정	주식할인발행차금, 감자차손, 자기주식, 자기주식처분손실 등
기타포괄손익누계액	매도가능금융자산평가손익, 해외사업환산손익 등
이익잉여금	법정적립금, 임의적립금, 미처분이익잉여금 등

2. 손익계산서

(1) 손익계산서의 구조

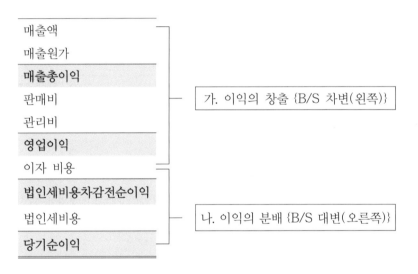

(2) 이익의 분배과정

구분	귀속자
영업이익	
이자 비용	→ 채권자
법인세비용차감전순이익	
법인세비용	→ 국가, 지자체
당기순이익	→ 주주

3. 현금흐름표

<u>현금흐름표</u>

○○ 회사	×1년 1월 1일부터 ×1년 12월 31일까지	(단위 : 백만 원)
Ⅰ. 영업활동으로 인한 현금흐름		×××
Ⅱ. 투자활동으로 인한 현금흐름		×××
Ⅲ. 재무활동으로 인한 현금흐름		×××
Ⅳ. 현금의 증가(감소)		×××
Ⅴ. 기초의 현금		×××
Ⅵ. 기말의 현금		×××

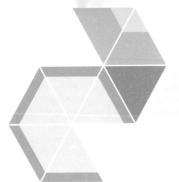

Chapter 4

수익성비율과 안정성비율

학습목차	학습목표
1. 재무비율 분석 개요 2. 수익성비율 분석 3. 안정성비율 분석	재무비율 분석의 개념에 대해 살펴보고 수익성비율과 안정성 비율을 통해 기업을 분석하는 방법에 대해 이해해본다.

1 재무비율 분석 개요

(1) 재무비율 분석

재무제표는 일정기간 동안 기업이 수행한 경영활동을 요약한 회계정보이므로 재무제표의 분석을 통하여 기업과 관련된 의사결정을 할 수 있다. 재무제표 분석은 기업의 재무적 성과에 관심 있는 기업 내·외부의 이해관계자에게 유용한 정보를 제공하기 위한 목적으로 수행하는 재무제표분석 활동으로 재무제표상의 항목들을 서로 대응시켜 비율을 산정하고 해당 비율을 통하여 기업의 수익성, 안정성(재무위험), 성장성 등을 분석하는 것을 의미한다.

(2) 재무제표 분석의 유용성

재무제표 분석은 감사보고서나 회사 내부 결산자료를 이용하면 되므로 정보수집에 있어 매우 경제적이다. 또한 분석 특성상 재무제표 요소들 간 사칙연산에 의해 산출된 비율이기 때문에 계산뿐만 아니라 재무지표로서 활용 측면에서도 매우 용이하다. 따라서 부채상환 능력이라든지 수익창출 능력, 자산의 효율적 활용 등에 관한 다양한 정보를 제공하고, 비교 기준(Benchmark)과 비교함으로써 회사의 상태를 손쉽게 평가할 수 있다.

(3) 재무제표 분석의 활용

재무제표 분석은 기업의 대출 규모를 결정하고 기업도산을 예측하며 또한 신용등급평가에 사용될 수 있다. 또한 기업공개(IPO) 시, 공모가 결정에도 응용될 수 있다.

금융기관은 대출 규모를 결정할 때, 대출 신청기업의 재무제표, 주요 재무제표 항목에 대한 추정치, 세무 사업계획서 및 담보자산 내역 등에 관한 정보를 고려한다. 특히 대출결정에서 중요한 사항은 대출 신청기업의 대출금 상환능력에 있다. 이와 관련하여 단기간 혹은 장기간에 걸친 기업의 현금흐름 및 지급 능력을 파악하기 위하여 재무제표 분석이 필요하다.

기업의 도산이란 기업이 만기가 도래한 채무를 상환할 수 없는 지급 불능상태를 의미한다. 이러한 기업도산 가능성의 예측은 금융기관의 대출결정과 관련하여 중요할 뿐만 아니라 투자자들이 최적의 포트폴리오를 구성하기 위해서도 중요하다. 일반적으로 기업의 수익성, 유동성 및 재무구조 등을 파악하여 기업의 도산 가능성을 예측한다.

자본시장에서는 정보 비대칭으로 인해 역선택이 발생할 수 있는 가능성이 존재하므로 이를 완화하기 위하여 신용평가기관인 정보중개인이 기업에 대한 신용을 평가한다. 신용평가기관은 기업이 발행한 사채나 어음 등의 상환가능성에 대해 재무제표 분석을 통하여 투자자들에게 기업의 위험에 대한 정보를 제공한다. 국내 신용평가기관은 사업분석, 재무분석, 자금 조달 능력분석 등을 통하여 기업에 대한 위험에 등급을 부여하여 평가한다.

시장 상황, 이익 창출 능력, 유사 회사 선정, 가치산정 방법 등 공모가를 결정하는 다양한 요소가 있다. 실무적으로 공모가는 현금흐름보다는 회계상의 이익에 의해서 결정되기 때문에 해당 기업의 이익 창출 능력이 무엇보다 중요하다. 또한 내재가치 평가 방법보다는 상대가치 평가 방법에 의한 공모가 산정이 일반적이므로 재무제표 비율분석이 유용하게 활용된다.

(4) 재무비율의 비교기준(Benchmark)

재무비율을 통한 가치평가를 위해서는 평가 대상기업에 대한 재무 정보의 활용이 필수적이다. 가치평가를 위한 재무 정보는 현재 및 과거의 재무 정보 그리고 비교 대상기업 또는 산업의 재무 정보로 구분하여 볼 수 있다.

① 기업의 재무비율과 동일 업종의 산업평균비율을 비교함으로써 해당 기업의 재무성과가 업종 평균 대비 얼마나 미달 또는 초과 달성되고 있는지를 알려준다. 산업평균비율은 한국은행에서 발간하는 '기업경영분석' 보고서에서 쉽게 찾아볼 수 있다. 다만 사업

의 포트폴리오가 다각화된 기업의 경우 단순 평균 비율만을 이용하는 것은 비합리적일 수 있다.

② 동종 업종에서 선두에 있는 기업의 재무비율을 해당 기업의 비율과 비교함으로써 해당기업이 보완해야 할 부분을 발견할 수 있다.

③ 해당 기업의 과거 평균 비율을 통해 과거부터 이어져 온 추세를 발견을 할 수 있는데, 이는 미래의 성과를 추정할 때, 보다 신뢰성 있는 추정을 가능하게 한다. 다만 스타트업과 같이 업력이 짧은 기업의 경우는 적용이 불가능하며, 과거 비경상적 활동이 많은 경영환경에 노출된 경우에는 오히려 왜곡된 정보를 제공할 수 있다.

(5) 재무비율의 종류

가치평가를 할 때, 미래를 추정하기에 앞서 현재의 재무 상황과 과거의 재무성과를 비교하는 것은 중요하다. 재무성과에 대해 올바르게 이해함으로써 미래 현금흐름 추정을 위한 전체적인 시각과 논리를 갖추어 신뢰성 있는 추정 결과를 평가할 수 있다.

$$V = \frac{D_1}{K-g}$$

V : 기업가치
D_1 : 1년 후 배당
K : 가중평균자본비용 (재무위험 + 영업위험)
g : 성장률

즉, 기업 가치는 1년 후 배당(수익성), 안정성(특히 재무위험), 그리고 성장률(성장성)에 의해 결정된다. 따라서 우리는 재무비율 분석을 통해 기업의 수익성, 안정성, 성장성 등을 분석함으로써 그 기업의 가치를 가늠할 수 있는 것이다.

(6) 재무제표 분석의 방법

① (재무)비율분석 : 재무제표상의 항목들 간의 관련성을 상호 비율을 통하여 분석하는 기법이다. 향후 학습하게 될 수익성, 안정성, 활동성 비율들이 해당 기법에 속한다.

② 추세분석 : 일정기간 동안 재무제표 자료의 변화를 분석하는 기법으로 기준연(월)도와 비교연(월)도의 변동액과 변동률을 산출하여, 현재 재무제표 금액에 특이사항이

없는지 확인하거나 향후 발생 가능한 변동액을 예측한다. 예를 들어 연도별 매출액의 추세분석을 통해 당기 매출이 정상적인 규모인지 파악할 수 있다.

③ 구성비율분석 : 재무제표에서 기준이 되는 항목 대비 다른 항목들을 비율로 표시하여 재무제표를 분석하는 기법이다. 재무상태표의 경우 자산 총계를 기준으로 두고, 손익계산서의 경우 매출을 기준으로 분석을 하는 것이 일반적이다.

(7) 재무비율 분석의 한계

재무비율 분석은 회계처리방법의 다양성을 고려할 수 없기 때문에 비교대상이 되는 항목 간에 다른 회계처리를 했다면 단순 비율 비교는 적절한 정보를 제공하기 어렵다. 그리고 회계는 추정과 많은 가정이 개입되므로 이러한 추정과 가정이 잘못 적용되었을 경우 비율 분석 자체가 의미 없는 분석이 될 수 있다. 또한 계량적인 수치 정보 이외에 기업의 경영전략, 기업구조 및 산업의 특성은 재무비율 분석에 반영하기 어려운 정보이므로 비재무적 정보에 대한 수집과 이해가 선행되어야만 효과적인 분석이 가능하다.

② 수익성분석

(1) 수익성비율

투하자본이나 매출액 대비 경영성과로 벌어들인 이익이 어느 정도인지 나타내는 비율이다.

1) 자기자본순이익률(ROE : Return On Equity)

$$ROE = \frac{\text{순이익}}{\text{자기자본}}$$

① 재무관리의 목표는 주주가치의 극대화에 있으므로 기업의 자기자본 투자액 대비 순이익 효과는 기업의 성과를 총괄적으로 나타내는 지표가 된다.

② 자기자본순이익률이 주주의 위험 보상을 위해 기업이 최소한 벌어야 할 필요수익률보다 높다면 당해 기업은 높은 수익성을 실현한 것으로 볼 수 있다.

2) 총자산이익률(ROA : Return On Asset)

$$총자산이익률 = \frac{순이익}{총자산}$$

$$총자산순영업이익률 = \frac{이자비용\ 차감\ 전\ 이익}{총자산}$$

① 총자산이익률은 기업의 총자산 1원당 얼마의 순이익을 얻었는가를 나타내는 것이다. 그런데 해당 비율은 분자는 주주에 귀속되는 이익인데 반해 분모는 총자산(타인자본 + 자기자본)으로 이익과 자본투입액의 대응이 적절히 이루어지지 못한다는 단점이 있다.

② 분자와 분모의 불일치를 해소하기 위해 총자산순영업이익률 [{순이익 + 이자비용 × (1 − 세율)}/ 평균총자산]을 사용할 수 있으며, 한 기업의 영업수익성을 기간적으로 비교하거나 또는 자본구조가 다른 기업들의 영업수익성을 서로 비교할 시, 총자산이익률보다 총자산순영업이익률이 더 유용할 수 있다.

3) 매출액 대비 이익률

$$매출액총이익률 = \frac{매출총이익}{매출액}$$

$$매출액영업이익률 = \frac{영업이익}{매출액}$$

$$매출액순이익률 = \frac{순이익}{매출액}$$

$$매출액순영업이익률 = \frac{이자비용\ 차감\ 전\ 이익}{매출액}$$

① 투입한 자본 대비 수익률을 결정하는 요인 중 하나가 매출액 대비 이익률이다. 따라서 매출액 1원당 회사가 얼마나 버는지, 즉 매출 마진이 얼마나 큰지를 나타내는 비율을 통해 투입자본수익률을 가늠할 수 있다.

② 매출액총이익률은 매출 측면에서는 해당 기업의 제품의 경쟁력과 시장의 우위에 의해

영향을 받으며, 매출원가 측면에서는 기업의 원가 우위와 생산능력의 효율성에 영향을 받는다.

③ 매출액영업이익률은 기업의 판매 및 관리 활동의 효율성에 의해 영향을 받는다.

④ 매출액순이익률은 법인세비용, 영업외손익(이자 비용 포함)의 영향까지 모두 고려한 비율로서 실제 주주에게 귀속되는 회계이익을 의미한다.

⑤ 매출액순영업이익률은 순이익에서 이자비용효과(이자비용 × (1 − 세율))[4]만을 제외한 것으로 총자산에 대비되는 이익을 대응한 개념이다.

(2) 활동성(효율성)비율

영업자산을 얼마나 잘 활용하는지를 나타내는 비율이다.

1) 총자산회전율

$$\frac{\text{매출액}}{\text{평균총자산} \left(\dfrac{\text{기초 총자산 + 기말 총자산}}{2} \right)}$$

① 기업 전체적으로 자산의 활용 정도를 측정하는 비율이다.

② 총자산회전율이 높으면 해당 기업의 유동자산과 비유동자산이 효율적으로 운영되고 있다는 의미이며, 반대로 비율이 낮다면 자산이 과다하게 투자되었거나 비효율적으로 운영되고 있다는 것을 나타낸다.

③ 총자산회전율은 기업의 ROA 결정요인 중 하나이다.

2) 매출채권회전율

$$\frac{\text{매출액}}{\text{평균매출채권} \left(\dfrac{\text{기초 매출채권}^{5)} + \text{기말 매출채권}}{2} \right)}$$

---

[4] 이자비용 발생 시, '이자비용 × 세율' 만큼 세금 절감효과가 발생하므로 이자비용효과는 '이자비용 × (1 − 세율)' 로 나타낼 수 있다.

[5] 매출채권은 총매출채권에서 대손충당금을 차감한 금액을 적용한다.

$$\text{매출채권회수기간} = \frac{365}{\text{매출채권회전율}}$$

① 매출채권이 현금화되는 속도를 나타내는 지표이다.
② 매출채권(평균)회수기간은 매출채권이 발생한 후 현금화될 때까지의 소요 기간을 의미한다.

3) 재고자산회전율

$$\frac{\text{매출원가}}{\text{평균재고자산}\left(\dfrac{\text{기초 재고자산 + 기말 재고자산}}{2}\right)}$$

$$\text{재고자산보유기간} = \frac{365}{\text{재고자산회전율}}$$

① 재고자산이 창고에 머문 시간을 나타내는 지표이다.
② 재고자산회전율이 높다면 제품의 영업주기(원재료 매입→제조→판매)가 효율적으로 이루어지고 있음을 의미하고 이는 기업이 재고자산을 효율적으로 관리하고 있음을 나타낸다.
③ 재고자산(평균)보유기간은 재고자산을 구매한 후 판매될 때까지의 소요 기간을 의미한다.

4) 매입채무회전율

$$\frac{\text{매출원가}}{\text{평균매입채무}\left(\dfrac{\text{기초 매입채무 + 기말 매입채무}}{2}\right)}$$

$$매입채무결제기간 = \frac{365}{매입채무회전율}$$

① 매입채무가 지급되는 속도를 나타내는 지표이다.
② 매입채무(평균)지급기간은 매입채무를 인식 후 현금을 지급할 때까지의 소요 기간을
의미한다.

5) 비유동자산회전율

$$\frac{매출액}{(평균)비유동자산 \left(\frac{기초\ 비유동자산\ +\ 기말\ 비유동자산}{2} \right)}$$

① 비유동자산의 투자 효율성을 나타내는 지표이다.
② 장치산업의 경우 비유동자산 중 유형자산의 효율성만을 별도로 측정하는 '유형자산회
전율'을 이용하기도 한다.
③ 위의 비율이 낮은 경우에는 자산투자가 과다하였거나 또는 자산이 비효율적으로 운영
되고 있음을 의미한다.

③ 안정성(재무위험)분석

(1) 유동성비율

기업이 단기적으로 채무를 상환할 능력이 있는지를 나타내는 비율이다.

1) 유동비율

$$\frac{유동자산}{유동부채}$$

① 1년 이내 지급해야 하는 부채 대비 1년 이내 현금화되는 자산의 비율로써, 단기 지급
   능력의 지표로서 활용된다.

2) 당좌비율

$$\frac{유동자산 - 재고자산}{유동부채}$$

① 재고자산은 현금화되는데 일정한 시간과 절차가 필요하고 진부화되어 판매가 어려운
   재고자산도 존재하므로, 유동비율 분자에서 재고자산을 차감하여 보다 엄격히 단기지
   급능력을 나타낸다.

3) 현금비율

$$\frac{유동자산 - 재고자산 - 수취채권}{유동부채}$$

① 수취채권(매출채권, 대여금, 미수금 등)은 대손가능성이 있으므로 수취채권까지 차감
   한 유동자산으로 단기 지급능력을 나타낸다.
② 해당 비율은 가장 보수적으로 유동비율을 나타내는 방법이다.

(2) 레버리지비율

기업이 장기적으로 채무를 상환할 능력이 있는지를 나타내는 비율이다.

1) 부채비율 등

$$부채비율 = \frac{총부채}{자기자본}$$

$$자기자본비율 = \frac{자기자본}{총부채 + 자기자본}$$

$$금융부채비율 = \frac{이자발생부채}{자기자본}$$

① 장기 지급능력의 지표로서 활용된다.

② 부채비율은 재무상태표상 모든 부채의 총액을 자기자본으로 나눈 값으로 계산하며, 금융부채비율은 실제 이자발생부채(차입금, 장기미지급금, 리스부채)를 자기자본으로 나눈다.

2) 이자보상비율

$$\frac{\text{이자 및 법인세비용 차감 전 이익}}{\text{이자 비용}}$$

① 기업의 이자 지급 능력을 측정하는 지표이다.

② 이자는 실제 현금으로 지급되어야 하는데, 이익은 실제 현금흐름을 반영하지 못하므로 영업활동 현금수입에 금융비용(이자)을 더한 액수를 금융비용으로 나눈 값인 '금융비용보상비율 {(영업활동 현금수입 + 금융비용)/금융비용}'을 사용하기도 한다.

3) 고정장기적합률

$$\frac{\text{비유동자산}}{\text{자기자본 + 비유동부채}}$$

① 비유동자산은 투자자금을 회수하는데, 일반적으로 장기간이 소요되므로 비유동자산 투자자금은 장기자금을 사용하는 것이 바람직하다.

② 고정장기적합률이 100%를 초과하면, 단기자금이 비유동자산 취득에 사용된 것으로 볼 수 있으므로 재무 안정성이 낮아질 수 있다.

Quiz

1. 다음 보기 중 회사의 안정성을 파악하는 비율이 아닌 것은 무엇인가?

    ① 유동비율

    ② 매입채무회전율

    ③ 이자보상비율

    ④ 부채비율

    [정답] ②
    [해설] 매입채무회전율은 활동성을 나타내는 재무비율이다.

2. 매출채권평균회수기간이 5일인 경우 매출채권회전율은 얼마인가?

    ① 20일

    ② 36.5일

    ③ 73일

    ④ 100일

    [정답] ③
    [해설] 매출채권회전율 = 365 / 매출채권평균회수기간

3. 비유동장기적합률은 비유동자산을 자기자본과 무엇을 더한 값으로 나눈 것인가?

    ① 비유동부채

    ② 유동부채

    ③ 유동자산

    ④ 자기자본

    [정답] ①
    [해설] 비유동장기적합률 = 비유동자산 / (자기자본 + 비유동부채)

4. 아래의 약식 손익계산서를 보고 EBITDA를 산출하면 얼마인가?

매출액	200억 원
매출원가	50억 원
매출총이익	150억 원
판관비$^{(*)}$	80억 원
영업이익	70억 원

(*) 판관비에는 감가상각비 5억 원, 무형자산 상각비 3억 원이 포함되어 있음

① 150억 원   ② 70억 원

③ 75억 원   ④ 78억 원

[정답] ④
[해설] EBITDA = 70 + 5 + 3 = 78

5. 아래의 약식 손익계산서를 보고 순금융비용부담률을 산출하면 얼마인가?

매출액	200억 원
매출원가	50억 원
매출총이익	150억 원
판관비$^{(*)}$	80억 원
영업이익	70억 원
이자수익	10억 원
이자비용	20억 원
당기순이익	60억 원

(*) 판관비에는 감가상각비 5억 원, 무형자산 상각비 3억 원이 포함되어 있음

① 20%   ② 15%

③ 10%   ④ 5%

[정답] ④
[해설] 순금융비용부담률 = (20억 원 - 10억 원) / 200억 원 = 5%

6. 재무제표 분석은 경제 환경에 전반적으로 활용되고 있다. 대표적인 예를 들어 재무제표 분석의 활용에 대해 기술하시오.

[정답] 재무제표 분석을 통해 기업의 대출 규모를 결정하고 기업도산을 예측하며 또한 신용등급 평가에 사용할 수 있다. 그리고 기업공개(IPO) 시, 공모가 결정에 응용될 수 있다.

① 금융기관은 대출 규모를 결정할 때, 대출신청기업의 재무제표, 주요 재무제표 항목에 대한 추정치, 세무 사업계획서 및 담보자산 내역 등에 관한 정보를 고려한다. 특히 대출결정에서 중요한 사항은 대출신청기업의 대출금 상환능력에 있다. 이와 관련하여 단기간 혹은 장기간에 걸친 기업의 현금흐름 및 지급능력을 파악하기 위하여 재무제표 분석이 필요하다.

② 기업의 도산이란 기업이 만기가 도래한 채무를 상환할 수 없는 지급불능상태를 의미한다. 이러한 기업도산가능성의 예측은 금융기관의 대출 결정과 관련하여 중요할 뿐만 아니라 투자자들이 최적의 포트폴리오를 구성하기 위해서도 중요하다. 일반적으로 기업의 수익성, 유동성 및 재무구조 등을 파악하여 기업의 도산 가능성을 예측한다.

③ 자본시장에서는 정보비대칭으로 인한 역선택이 발생할 수 있는 가능성이 존재하므로 이를 완화하기 위하여 신용평가기관인 정보중개인이 기업에 대한 신용을 평가한다. 신용평가기관은 기업이 발행한 사채나 어음 등의 상환가능성에 대해 재무제표 분석을 통하여 투자자들에게 기업의 위험에 대한 정보를 제공한다. 국내 신용평가기관은 사업분석, 재무분석, 자금조달능력분석 등을 통하여 기업에 대한 위험에 등급을 부여하여 평가한다.

④ 시장상황, 이익창출능력, 유사회사 선정, 가치산정 방법 등 공모가를 결정하는 다양한 요소가 있다. 실무적으로 공모가는 현금흐름보다는 회계상의 이익에 의해서 결정되기 때문에 해당 기업의 이익창출능력이 무엇보다 중요하다. 또한 내재가치평가방법보다는 상대가치평가방법에 의해서 공모가 산정이 이루어지는데 일반적이므로 재무제표 비율분석이 유용하게 활용된다.

7. 재무제표 분석에 앞서 비교기준(Benchmark)을 설정하는 것은 향후 분석에 있어서 매우 중요하다. 비교기준(Benchmark)의 중요성에 대해 상세히 기술하시오.

[정답] 재무비율을 통한 가치평가를 위해서는 평가대상기업에 대한 재무정보의 활용이 필수적이다. 가치평가를 위한 재무정보는 현재 및 과거의 재무정보 그리고 비교대상기업 또는 산업의 재무정보로 구분하여 볼 수 있다.

① 기업의 재무비율과 동일업종의 산업평균비율을 비교함으로써 해당 기업의 재무성과가 업종 평균 대비 얼마나 미달 또는 초과 달성되고 있는지를 알려준다. 산업평균비율은 한국은행에서 발간하는 '기업경영분석' 보고서에서 쉽게 찾아볼 수 있다. 다만 사업의 포트폴리오가 다각화된 기업의 경우 단순 평균비율의 이용은 비합리적일 수 있다.

② 동종 업종에서 선두에 있는 기업의 재무비율을 해당 기업의 비율과 비교함으로써 해당 기업이 보완해야 할 부분을 발견하는 기회를 가질 수 있다.

③ 해당 기업의 과거 평균비율을 통해 과거부터 이어져 온 추세를 발견을 할 수 있는데, 이는 미래의 성과를 추정할 때, 보다 신뢰성 있는 추정을 가능하게 한다. 다만 스타트업과 같이 업력이 짧은 기업의 경우는 적용이 불가능하며, 과거 비경상적 활동이 많은 경영환경에 노출된 경우에는 오히려 왜곡된 정보를 제공할 수 있다.

8. 재무비율은 회계정보를 기반으로 특정 기준점과 비교한 계산값을 백분율로 표시한 수치이다. 그렇다 보니 재무비율 분석의 한계점도 명백히 존재하는데, 재무비율 분석의 한계는 무엇인지 기술하시오.

[정답] 재무비율 분석은 회계처리방법의 다양성을 고려할 수 없기 때문에 비교대상이 되는 항목 간에 다른 회계처리를 했다면 단순 비율 비교는 적절한 정보를 제공하기 어렵다. 그리고 회계는 추정과 많은 가정이 개입되므로 이러한 추정과 가정이 잘못 적용되었을 경우 비율 분석 자체가 의미 없는 분석이 될 수 있다. 또한 계량적인 수치 정보 이외에 기업의 경영전략, 기업구조 및 산업의 특성은 재무비율 분석에 반영하기 어려운 정보이므로 비재무적 정보에 대한 수집과 이해가 선행되어야만 효과적인 분석이 가능하다.

1. 재무제표 분석의 개요

(1) 재무제표 분석의 활용

재무제표 분석을 통해 기업의 대출 규모를 결정하고 기업도산을 예측하며 또한 신용등급평가에 사용할 수 있다. 그리고 기업공개(IPO) 시, 공모가 결정에 응용될 수 있다.

(2) 재무비율의 비교기준(Benchmark)

재무비율을 통한 가치평가를 위해서는 평가 대상기업에 대한 재무 정보의 활용이 필수적이다. 가치평가를 위한 재무 정보는 현재 및 과거의 재무 정보 그리고 비교 대상기업 또는 산업의 재무 정보로 구분하여 볼 수 있다.

(3) 재무제표 분석의 방법

① (재무)비율분석
② 추세분석
③ 구성비율분석

(4) 재무비율 분석의 한계

① 재무비율 분석은 회계처리방법의 다양성을 고려할 수 없기 때문에 비교대상이 되는 항목 간에 다른 회계처리를 했다면 단순 비율비교는 적절한 정보를 제공하기 어렵다.
② 회계는 추정과 많은 가정이 개입되므로 이러한 추정과 가정이 잘못 적용되었을 경우 비율분석 자체가 의미 없는 분석이 될 수 있다.
③ 계량적인 수치 정보 이외에 기업의 경영전략, 기업구조 및 산업의 특성은 재무 비율 분석에 반영하기 어려운 정보이므로 비재무적 정보에 대한 수집과 이해가 선행되어야만 효과적인 분석이 가능하다.

2. 수익성분석

1) 자기자본순이익률(ROE : Return on Equity)
2) 총자산이익률(ROA : Return on Asset)
3) 매출액 대비 이익률

3. 활동성분석

1) 총자산회전율
2) 매출채권회전율
3) 재고자산회전율
4) 매입채무회전율
5) 비유동자산회전율

4. 안정성분석

(1) 유동성비율

1) 유동비율
2) 당좌비율
3) 현금비율

(2) 레버리지비율

1) 부채비율
2) 이자보상비율
3) 고정장기적합률

Chapter **5**

성장성비율과 시장가치비율

학습목차	학습목표
1. 성장성비율 분석 2. 생산성비율 분석 3. 시장가치비율 분석	성장성비율 및 생산성비율과 시장가치비율을 통해 기업을 분석하는 방법에 대해 이해해본다.

❶ 성장성비율

특정기간 동안 기업의 규모 또는 이익이 얼마나 증가하였는지를 나타내는 지표이다.

(1) 총자산증가율

$$\frac{당기말 \; 총자산 - 전기말 \; 총자산}{전기말 \; 총자산}$$

① 기업의 총자산이 전기 대비 당기 얼마나 증가하였는지를 나타내는 지표이다. 이는 기업 전체적으로 외적 성장을 가늠할 수 있게 해준다.

(2) 자기자본증가율

$$\frac{당기말 \; 자기자본 - 전기말 \; 자기자본}{전기말 \; 자기자본}$$

① 기업의 자기자본이 전기 대비 당기 얼마나 증가하였는지를 나타내는 지표이다. 자기자본은 당기순이익 및 신규 유상증자 등에 영향을 받는다.

(3) 매출액증가율

$$\frac{당기매출액 - 전기매출액}{전기매출액}$$

① 기업의 매출액이 전기 대비 당기 얼마나 증가하였는지를 나타내는 지표이다. 해당 지표도 기업의 외적 성장을 측정하는 대표적인 지표이다.

(4) 이익증가율

$$\frac{당기순이익 - 전기순이익}{전기순이익}$$

① 위의 지표는 순이익증가율을 의미하나, 분석 대상에 따라 영업이익증가율, 주당순이익증가율 등 다양한 방법으로 분석이 가능하다.

② 생산성비율

(1) 노동장비율

생산과정에서 노동자 한 사람이 어느 정도의 설비자산(노동장비)을 이용하여 작업하는지를 나타내는 지표로, 노동생산성을 측정하는 데 이용된다. 또, 기업의 자본집약화(장치화, 기계화)의 정도를 알아보기 위한 지수로도 쓰인다. 기업의 생산성은 노동집약산업인지 자본집약산업인지에 따라 달라진다.

$$\frac{당기말 유형자산 - 건설 중인 자산}{종업원 수}$$

① 종업원 1인당 설비자산이 어느 정도 투자되었는지를 측정하는 지표로 활용된다.
② 경공업보다는 중공업의 경우 노동장비율이 높게 나타난다.

(2) 자본집약도

$$\frac{총자본}{종업원 수}$$

① 자본집약적일수록 자본집약도는 높아지고 노동집약적일수록 자본집약도는 낮아진다.

(3) 부가가치율

$$\frac{부가가치^{6)}}{매출액}$$

① 일정기간 창출된 부가가치를 같은 기간의 매출액으로 나눈 비율이다.
② 매출액 중 기업의 경영활동에 참여한 이해관계자에게 귀속되는 소득의 비율을 나타낸다.
③ 기업의 생산액 중에서 부가가치가 차지하는 비중을 의미하며, 생산액은 추정이 복잡하므로 매출액을 대용치로 사용한다.
④ 부가가치율은 고부가가치의 제품을 생산할수록 높아지며, 부가가치율이 높다는 것은 재료와 같은 투입가치에 기업이 많은 가공작업을 하여 제품의 판매가치를 높였다는 것을 의미한다.
⑤ 일반적으로 성장기업일수록 부가가치율이 높고 사양기업일수록 부가가치율이 낮다.

(4) 설비투자효율

$$\frac{부가가치}{연평균^{7)} 유형자산 - 연평균건설 중인 자산}$$

① 생산활동에 사용 중인 유형자산에 대한 부가가치의 비율로서 설비자산의 생산성을 나타낸다.

---

6) 부가가치는 경상이익에 인건비, 순금융비용, 임차료, 조세공과(법인세제외), 감가상각비를 합한 금액이다.
7) 연평균은 기초금액과 기말금액을 평균하여 계산한다.

(5) 종업원의 부가가치

$$\frac{\text{부가가치}}{\text{종업원 수}} = \left(\frac{\text{유형자산 - 건설 중인 자산}}{\text{종업원 수}}\right) \times \left(\frac{\text{부가가치}}{\text{유형자산 - 건설 중인 자산}}\right)$$

$$= \text{노동장비율} \times \text{설비투자효율}$$

① 종업원 1인당 노동생산성을 나타내며, 노동장비율과 설비투자효율의 곱으로 계산이 가능하다. 이는 기업이 노동생산성을 높이기 위해서는 설비자산의 활용도를 높이거나 노동장비율을 높여야 한다는 것을 의미한다.

(6) 종업원의 매출액

$$\frac{\text{매출액}}{\text{종업원 수}}$$

① 노동생산성을 측정하기 위한 지표이다.

③ 시장가치비율

외부 시장에서 형성된 주식가격과 재무제표 항목을 대비시켜 비율을 측정한 것으로 기업이 시장에서 어떠한 평가를 받고 있는지 확인할 수 있다.

(1) 주가수익비율(PER : Price Earning Ratio)

$$\frac{\text{주가}}{\text{주당순이익}}$$

① 현재 주식가격이 주당순이익의 몇 배로 형성되었는지를 나타내는 지표로서 주가가 그 회사 1주당 순이익(EPS : Earning per Share 당기순이익 / 주식수)의 몇 배가 되는

가를 보여준다.

② 주식가격에는 해당 기업의 미래이익과 위험을 반영하고 있으므로 향후 기업의 미래이익이 상승할 것으로 예측되면 PER가 상승하며, 하락할 것으로 예측되면 PER는 하락할 것이다.

③ 하지만 현재의 이익 실적이 너무 낮으면 분모가 작아져 PER가 높게 형성될 수도 있다.

(2) 주가순자산비율(PBR : Price Book value Ratio)

$$\frac{주가}{주당순자산}$$

① 현재 주식가격이 주당순자산의 몇 배로 형성되었는지를 나타내는 지표로서 주가가 그 회사 1주당 순자산(BPS : 당기순자산 / 주식수)의 몇 배가 되는가를 보여준다.

② 주식가격에는 해당 기업의 미래 이익과 위험을 반영하고 있으므로 향후 기업의 미래 이익이 (자본비용보다) 높을 것으로 예측되면 PBR이 상승하며, 낮을 것으로 예측되면 PBR는 하락할 것이다.

(3) 주가매출액비율(PSR : Price Sales Ratio)

$$\frac{주가}{주당매출액}$$

① 현재 주식가격이 주당매출액의 몇 배로 형성되었는지를 나타내는 지표로 주가가 그 회사 1주당 순매출(SPS : Sales Per Share 매출액 / 주식수)의 몇 배가 되는가를 보여준다.

② PER과 PBR은 음수인 경우 적용할 수 없으나, PSR은 항상 양수이므로 적용이 가능하다. 따라서 경기변동형 기업이 불경기로 인해 당기순이익이 없거나 그 변동성이 심한 기업(기술중심의 기업 또는 경기변동형 기업)들의 주가수준을 비교하는데 유용하다. 다만, 초기 기업이나 업황이 좋지 않은 경우의 전제는 이익률이 정상 회귀할 것이 확실해야 한다.

③ 순이익 또는 순자산은 일정 기간의 결과물임에 반해 매출액은 이익의 한 구성요소일 뿐이므로 매출액을 가지고 단순히 기업을 비교하는 데 무리가 있을 수 있다.

④ PSR은 단독으로 사용하기보다는 PER을 보완하기 위한 보조적 지표로 사용하는 것이 바람직하다.

⑤ 분자는 자기자본의 가치인데 반해 분모는 자기자본과 타인자본의 결과물이므로 비교가 적절하지 않다.

따라서 'EV/매출액 $= \dfrac{\text{시가총액} + \text{순금융부채}}{\text{주당매출액}}$' 비율을 사용하기도 한다.

(4) 주가현금흐름비율(PCR : Price Cash Ratio)

$$\frac{\text{주가}}{\text{주당 현금흐름}}$$

① 현재 주식가격이 주당현금흐름의 몇 배로 형성되었는지를 나타내는 지표로 주가가 그 회사 1주당 현금흐름(CPS : Cash Per Share 영업활동현금흐름(CF상)/주식수)의 몇 배가 되는가를 보여준다.

(5) EV/EBITDA

$$\frac{\text{EV(기업가치)}}{\text{EBITDA}}$$

① 기업가치 배수법은 비교가능한 유사 상장기업들의 기업가치 배수를 바탕으로 평가 대상기업의 기업가치를 추정하는 방법이며, 기업가치 배수는 현재 기업가치를 기업가치와 관련된 주요 재무변수로 나눈 값이다.

② EV = 시가총액 + 차입금 − 비영업용자산

③ EBITDA = EBIT(영업이익) + 감가상각비 + 무형자산상각비

Quiz

1. 당기순이익이 음수인 경우에 사용하는 시장가치 비율은 무엇인가?

    ① PER

    ② PBR

    ③ EV/EBITDA

    ④ PSR

    [정답] ④

    [해설] PSR = P (주가) / 주당매출액이기 때문에 당기순이익이 음수여도 계산이 가능하다.

2. 종업원 수는 50명, 부채 100억 원, 자본 100억 원일 경우 자본집약도는 얼마인가?

    ① 1억 원

    ② 2억 원

    ③ 3억 원

    ④ 4억 원

    [정답] ④

    [해설] (100억 원 + 100억 원) / 50명 = 4억 원

3. 다음 항목은 부가가치율에 대한 설명이다. 설명으로 가장 올바르지 않은 것은?

① 일정기간 창출된 부가가치를 같은 기간 중의 매출액으로 나눈 비율이다.

② 매출액 중 기업의 경영활동에 참여한 이해관계자에게 귀속되는 소득의 비율을 나타 낸다.

③ 기업의 생산액 중에서 부가가치가 차지하는 비중을 의미하며, 생산액은 추정이 복잡 하므로 매출액을 대용치로 사용한다.

④ 일반적으로 성장기업일수록 부가가치율이 낮고 사양기업일수록 부가가치율이 높다.

[정답] ④
[해설] 일반적으로 성장기업일수록 부가가치율이 높고 사양기업일수록 부가가치율이 낮다.

4. 다음 항목 중 물적 설비가 거의 없는 플랫폼 업체에 적용하기 어려운 지표는 무엇인가?

① PER

② PBR

③ EV/EBITDA

④ PSR

[정답] ②
[해설] PBR = P (주가) / 주당순자산이기 때문에 물적 설비인 비유동자산이 거의 없는 플랫폼 업체의 경우 PBR을 적용하기가 어렵다.

1. 성장성비율

    (1) 총자산증가율

    (2) 자기자본증가율

    (3) 매출액증가율

    (4) 이익증가율

2. 생산성비율

    (1) 노동장비율

    (2) 자본집약도

    (3) 부가가치율

    (4) 설비투자효율

    (5) 종업원의 부가가치

    (6) 종업원의 매출액

3. 시장가치비율

    (1) 주가수익비율(PER : Price Earning ratio)

    (2) 주가순자산비율(PBR : Price Book value ratio)

    (3) 주가매출액비율(PSR : Price Sales ratio)

    (4) 주가현금흐름비율(PCR : Price Cash ratio)

    (5) EV/EBITDA

Chapter 6

이익창출능력과 이익의 질 및 이익조정

학습목차	학습목표
1. 이익창출능력 2. 이익의 질 및 이익조정 분석	투자수익률을 매출액이익률과 효율성비율로 분해하여 분석하고 ROE 결정요인을 이해한다. 이와 관련한 듀퐁 시스템에 대해 살펴보고 최근의 발전된 분석기법을 소개하도록 한다. 마지막으로 이익조정 종류와 사례에 대해 살펴본다.

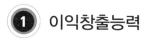 **이익창출능력**

(1) 이익창출능력이란

기업의 이익창출능력 분석이란 총자산이익률(ROA)과 자기자본이익률(ROE) 등의 분석틀을 통해 이익수준(주당이익)과 변동성(성장성)을 파악하고 향후 이익수준을 예상하는 것이다.

이익창출능력은 해당 기업의 변화추이를 시계열분석 방식으로 검토를 하겠지만 반드시 동일 업계의 경쟁사와 비교를 통해 당사의 이익창출능력이 어떠한지, 즉 동종업계에서의 당사 위치가 어디인지를 분석하여야 한다.

총자산이익률(ROA)과 자기자본이익률(ROE)을 듀퐁 분석 방법을 활용하여 이익창출능력을 살펴보도록 하자.

(2) ROA 결정요인

$$\text{총자산순이익률} = \frac{\text{순이익}}{\text{매출액}} \times \frac{\text{매출액}}{\text{총자산}}$$

$$\text{총자산순영업이익률} = \frac{\text{이자비용 차감전 이익}}{\text{매출액}} \times \frac{\text{매출액}}{\text{총자산}}$$

① 미국의 화학회사인 듀퐁사에서 ROA를 매출마진과 총자산회전율로 분해하여 기업이 어떤 요인에 의해 투자수익률이 결정되는가를 처음 분석 사용하였기 때문에 상기와 같은 분석방식을 듀퐁시스템(The Dupont system)이라고 부르게 되었다.

② 분모(총자산) 대비 분자 (주주 귀속소득인 당기순이익과 채권자 귀속소득인 이자 비용 × (1 – 세율))를 일치시키기 위해 총자산순영업이익률 개념을 활용하는 것이 현재 추세이다.

③ $\frac{\text{이자비용 차감전 이익}}{\text{매출액}}$ (매출액순영업이익률)은 매출액 1원당 주주와 채권자 귀속소득을 얼마나 많이 창출하는지를 측정한다. 즉 원가통제능력을 의미한다.

④ $\frac{\text{매출액}}{\text{총자산}}$ (총자산회전율)은 자산회전율로서 얼마나 효율적으로 자산을 사용하고 있는지를 측정한다.

⑤ 일반적으로 매출액순영업이익률과 총자산회전율은 반비례 관계에 있다. 매출액순영업이익률이 높고 총자산회전율이 낮은 기업은 집중화전략 또는 차별화전략을 사용하는 기업이며, 매출액순영업이익률이 낮고 총자산회전율이 높은 기업은 박리다매의 원가우위전략을 구사하는 기업이다.

⑥ 따라서 단순히 매출액순영업이익률이 높고 낮음만을 가지고 기업이 좋고 나쁨을 판단할 수 없다.

⑦ 매출액순영업이익률과 총자산회전율이 모두 높은 기업이 이상적일 수 있지만 이 경우 지속적인 경쟁기업의 출현으로 해당 시장이 급속히 레드오션화 되어 모든 비율이 악화되는 결과를 가져올 수도 있다.

(3) ROE 결정요인

$$\text{자기자본순이익률} = \frac{\text{순이익}}{\text{총자산}} \times \frac{\text{총자산}}{\text{자기자본}} = \frac{\text{순이익}}{\text{총자산}} \times \left(1 + \frac{\text{총자산}}{\text{자기자본}}\right)$$

$$= \frac{\text{이자비용 차감전 이익}}{\text{자기자본}} - \frac{\text{(세후)이자비용}}{\text{자기자본}} \quad \cdots\cdots\cdots\cdots \text{식(1)}$$

$$= \text{총자산순영업이익률} + [\text{총자산순영업이익률} - \text{세후차입이자율}]$$
$$\times \text{부채비율}$$

순이익은 이자비용 차감전 이익에서 (세후)이자비용을 차감한 값이므로 ROE를 식(1)과 같이 변형할 수 있다.

① 여기서, 자기자본순이익률(ROE)은 총자산순영업이익률(ROA)과 차입이자율 초과 ROA와 부채비율의 곱([총자산순영업이익률 − 세후차입이자율] × 부채비율)으로 이루어져 있다.

② 동일한 ROA에서 세후차입이자율이 낮을수록, 부채비율이 높을수록 ROE가 높아짐을 알 수 있다. 즉, 적은 비용으로 자금을 차입하여 동일한 성과를 창출했다면 ROE가 증가하게 됨을 의미하고, 이를 '재무레버리지 효과'라 한다.

③ 자기자본순영업이익률을 분해한 것을 도식화하면 다음과 같다.

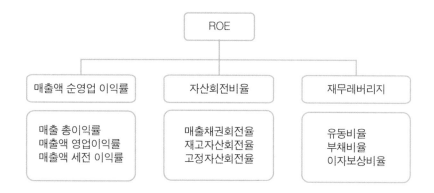

② 총자산순영업이익률이 증가할수록 자기자본순영업이익률 또한 증가한다.

③ 부채비율은 결국 총자산영업이익률이 세후(평균)차입이자율보다 클 때, 부채비율(재무레버리지효과)이 커짐에 따라 자기자본순영업이익률도 증가한다.

④ 따라서 기업이 주주가치의 제고를 위해서는 1) 기업의 전략에 맞춰 매출단가를 높이거나 매출원가 또는 판관비를 낮추어 수익성을 제고한다. 2) 불필요한 자산의 매각 및 자산에 대한 효율적 관리를 통해 자산의 규모를 줄이며, 3) 총자산순영업이익률과 세후(평균)차입이자율을 비교하여 총자산순영업이익률이 더 크다면 공격적으로 재무레버리지를 증가시키고 반대의 경우에는 이자를 지급하는 부채를 상환함으로써 재무레버리지를 낮추는 노력을 한다.

(4) ROIC 결정요인

$$\text{영업투하자본 순영업이익률} = \frac{\text{세후 순영업이익}}{\text{영업투하자본}} = \frac{\text{세후 순영업이익}}{\text{매출액}} \times \frac{\text{매출액}}{\text{영업투하자본}}$$

$$= \text{영업투하 자본순영업이익률} + [\text{영업투하 자본순영업이익률} - \text{세후차입이자율}] \times \text{순금융부채비율}$$

① 기존의 ROE(자기자본순영업이익률)은 세후(평균)이자율 산정시, 부채 총액에 대해 이자율을 산정하고 있어 비이자발생부채(ex) 미지급비용 등)를 포함하고 있는 문제점이 있다. 또한 총자산에 금융자산이 포함되어 있고 영업활동과 무관한 이자수익이 세후순영업이익에 포함되어 있다.

② 재무제표 분석용 재무상태표

(운용 측면)	(조달 측면)
순운전자본 　= 유동자산 - 유동부채	비유동부채
영업용 고정자산	
비유동자산	
비영업용자산 　: 초과현금, 금융상품	자본

③ 영업투하자본은 영업활동에 투입된 자기자본과 타인자본을 말한다. 여기서 주의할 점

은 금융자산은 언제든지 금융부채를 상환할 수 있는 자산이므로 이자발생부채에서 차감한다.

→ 순금융부채[이자발생부채 − 금융자산] + 자기자본

④ 세후순영업이익은 분모와 대비될 수 있도록 기존 ROE에서 사용하던 세후순영업이익에서 금융자산으로부터 발생한 이자수익(세후)을 차감해주어야 한다.

→ 세후순영업이익 = 당기순이익 + 이자비용 × (1 − 세율) − 이자수익 × (1 − 세율)

❷ 이익의 질 및 이익조정 분석

(1) 이익의 질

이익이 그 기업의 실제 수익력을 얼마나 반영하고 있는지가 바로 이익의 질이다. 그리고 이익의 질의 가장 중요한 요소가 이익의 지속성이다. 따라서 기업의 이익능력과 예측과정에서 이익의 질을 고려하지 않을 경우 기업의 이익수준을 잘못 평가하여 향후 미래이익을 올바르게 예측하지 못할 가능성이 있다.

① Sloan(1996)의 연구에 따르면 발생액[8]은 현금이익보다 지속성이 낮으며, 투자자들은 기본적으로 랜덤워크모형[9]에 따라 움직이므로 현재의 이익수준에 근거하여 미래이익수준을 예측하고 있다. 그리고 Xie(2001) 연구에 따르면 발생액 이상현상으로 발생액은 이익의 지속성과 이익의 질을 낮춘다고 설명한다.

② Penman and Zang(2002) 연구에 따르면 보수주의 원칙에 따른 재고자산과 매출원가의 측정, 연구개발비의 비용화, 광고지출의 발생비용화는 기업의 미래 경제적 효익의 창출 가능성을 무시하는 회계처리로 기업의 이익수준을 저평가하고 이로 인해 미래이익을 낮게 측정하는 오류를 범할 수 있다.

③ 일반적으로 경제 현상은 평균으로 회귀하려는 특성을 가지고 있다. 따라서 재무제표의 수치 중 이익과 관련된 항목도 실제로 여러 연구에서 평균 회귀함을 보여주고 있다. 따라서 이익예측에 있어서도 이러한 평균 회귀 특성을 고려하여 측정하여야 한다.

---

8) 당기순이익 = 영업활동현금흐름 + 발생액(accruals)로 나타낼 수 있으며, 여기서 발생액은 발생기준 회계원칙에 의해 측정된 경영성과와 현금기준 회계원칙에 의해 측정된 경영성과와의 차이이다.

9) 랜덤워크모형이란, 현재 위치에서 무작위로 이동한다면 결과적으로 제자리로 돌아오는 것과 같이, 이익이 무작위로 변화한다고 가정했을 때 결과적으로 현재 이익수준으로 수렴한다는 이론에 따라 다수의 투자자들이 예측하는 평균적인 미래이익은 현재 이익수준이라고 가정하는 방법이다.

(2) 이익조정

이익조정은 경영자가 회계처리 또는 재무보고에 의도적으로 개입하여 정상적인 영업활동에서 벗어난 비정상적인 영업활동을 수행함으로써 인위적으로 이익을 상향 또는 하향으로 조정하는 일련의 행위를 말한다. 이익조정의 방법은 발생액을 통한 이익조정과 실제활동을 통한 이익조정으로 나뉜다.

발생액을 통한 이익조정은 회계처리방법 등을 바꾸어 현금흐름에 부가되는 이익을 조정하는 것이고, 실제활동을 통한 이익조정은 기업이 실질적인 자원의 현금흐름을 조정하여 순이익에 영향을 주는 것이다. 예를 들어, 감가상각방법, 재고자산의 단가 산정방법, 불량채권의 대손상각비 추정, 그리고 유형자산의 잔존가액이나 내용 연수 추정 등이 발생액을 통한 이익조정이라면 연구개발비 혹은 광고선전비 조정, 연말 매출시기 조정, 유가증권의 처분 등이 실제활동을 통한 이익조정이라고 볼 수 있다.

1) 주요 이익조정사례

가. 감사보고서 감리지적 주요 발생사유에 기초한 이익조정사례

① 재고자산 과소·과대계상
② 매출채권 과소·과대계상
③ 유형자산 과소·과대계상
④ 대손충당금 과소·과대계상(특히 빅배스를 통한 이익조정 효과)
⑤ 감가상각누계액 과소·과대계상
⑥ 무형자산(개발비 포함) 과소·과대계상

나. 실제 영업활동을 이용한 이익조정

Roychowdhury(2006)의 연구에 따르면 기업은 일시적으로 매출액을 향상시키기 위해 가격할인이나 외상매출을 공격적으로 수행하거나 매출원가를 감소시키려고 생산량을 과다하게 늘리거나 영업이익을 개선시키려고 광고비나 연구개발비 등 경영자의 재량적 비용을를 최소화하여 이익을 조정하기도 한다.

실제 영업활동을 이용한 이익조정은 기업회계기준에 위배되는 것은 아니지만 단기간의 성과를 위해 장기성장성을 포기할 수 있는 행위이므로 기업에는 악재로 장기투자 주주에게는 부의 감소를 야기시킬 수 있다.

2) 이익조정을 시사하는 징후

① 회계변경과 오류수정
② 당기순이익과 영업활동현금흐름의 격차 확대
③ 잦은 비경상적 손익항목
④ 비적정감사의견 및 감사인변경
⑤ 내부거래(특수관계자 및 관계회사 간) 발생
⑥ 미국 SEC의 F지수[10] 활용

---

10) 미국 SEC에서 이익조작가능성을 사전에 파악하고자 개발한 지수로서 발생액의 질과 여러 다양한 지표를 모형화한 것이다.

1. 자기자본순이익률(ROE)은 6%로 확인된다. 이때 매출액순이익률이 3%, 총자산회전율이 1.0 이라면 자기자본비율은 얼마인가?

   ① 10%   ② 25%

   ③ 50%   ④ 75%

   [정답] ③
   [해설] 6% = 3% × 1.0 × (1+부채비율) → 부채비율 = 1
            따라서 자기자본비율은 50%이다.

2. 금융자산과 같은 비영업용자산을 제외하고 영업에서 순수하게 발생된 이익을 측정하는 가장 정확한 지표는 무엇인가?

   ① 투하자본이익률

   ② 영업이익률

   ③ 매출액대비원가이익률

   ④ 자기자본이익률

   [정답] ①
   [해설] 투하자본이익률은 세후순영업이익을 영업투하자본으로 나눈 값이다. 여기서 영업투하자본은 총자산에서 비영업자산을 제외한 순수 영업자산을 의미한다.

3. 총자산이익률은 (　　) 에 총자산회전율을 곱하여 산정할 수 있다. 괄호 안에 올바른 단어는 무엇인가?

① 매출액총이익률

② 매출액영업이익률

③ 매출액순이익률

④ 매출액순영업이익률

[정답] ③

[해설] 총자산이익률은 매출액순이익률에 총자산회전율을 곱하여 산출한 값이다.

4. 경기가 호황일 경우 ROA가 (　　) 일 확률이 크므로 부채사용이 주주입장에서 (　　) 하다. 괄호 안에 알맞은 단어는 무엇인가?

① 양(+), 불리

② 양(+), 유리

③ 음(-), 불리

④ 음(-), 유리

[정답] ②

[해설] 경기가 호황일 경우 ROA가 양(+)의 확률이 크므로 부채사용이 주주입장에서 유리하다.

1. 이익창출능력

(1) 기업의 이익창출능력분석이란 총자산이익률(ROA)과 자기자본이익률(ROE) 등의 분석을 통해 이익수준(주당이익)과 변동성(성장성)을 파악하고 향후 이익수준을 예상하는 것이다.

(2) ROA 결정요인

$$\text{총자산순이익률} = \frac{\text{순이익}}{\text{매출액}} \times \frac{\text{매출액}}{\text{총자산}}$$

$$\text{총자산순영업이익률} = \frac{\text{이자비용 차감전 이익}}{\text{매출액}} \times \frac{\text{매출액}}{\text{총자산}}$$

(3) ROE 결정요인

$$\text{자기자본순이익률} = \frac{\text{순이익}}{\text{총자산}} \times \frac{\text{총자산}}{\text{자기자본}} = \frac{\text{순이익}}{\text{총자산}} \times \left(1 + \frac{\text{총자산}}{\text{자기자본}} \right)$$

$$= \frac{\text{이자비용 차감전 이익}}{\text{자기자본}} - \frac{\text{(세후)이자비용}}{\text{자기자본}}$$

$$= \text{총자산순영업이익률} + [\text{총자산순영업이익률} - \text{세후차입이자율}] \times \text{부채비율}$$

(4) ROIC 결정요인

$$\frac{\text{영업투하자본}}{\text{순영업이익률}} = \frac{\text{세후 순영업이익}}{\text{영업투하자본}} = \frac{\text{세후 순영업이익}}{\text{매출액}} \times \frac{\text{매출액}}{\text{영업투하자본}}$$

$$= \text{영업투하 자본순영업이익률} + [\text{영업투하 자본순영업이익률} - \text{세후차입이자율}] \times \text{순금융부채비율}$$

2. 이익의 질 및 이익조정 분석

(1) 이익의 질

이익이 그 기업의 실제 수익력을 얼마나 반영하고 있는지가 바로 이익의 질이다.

(2) 이익조정

이익조정은 경영자가 회계처리 또는 재무보고에 의도적으로 개입하여 정상적인 영업활동에서 벗어난 비정상적인 영업활동을 수행함으로써 인위적으로 이익을 상향 또는 하향으로 조정하는 일련의 행위를 말한다.

Chapter **7**

투자안의 평가 (1)

학습목차	학습목표
1. 투자안의 평가기법 2. 회계적이익률법과 　회수기간법	1. 다양한 투자안의 평가기법을 이해하고 설명할 수 있다. 2. 회계적이익률법과 회수기간법을 이해하고 계산할 수 　있다.

 투자안의 평가기법

(1) 사업타당성 분석 개괄

　사업타당성 분석은 발굴된 사업 또는 프로젝트를 대상으로 미래에 예상되는 경제 상황을 고려하여 시장, 기술, 경제성, 공익성 및 정색성 등을 분석하고 해당 사업 또는 프로젝트의 성공 가능성을 평가하는 총체적인 과정이다. 사업타당성 분석 보고서는 다음 항목들로 구성된다.

- 사업 개괄
- 제품 및 서비스
- 구현 가능한 기술
- 시장환경 및 경쟁환경
- 산업 구조 및 현황
- 영업 비즈니스 모델
- 마케팅 및 영업 전략
- 생산운영 요구사항
- 외적 규제 및 환경 이슈 (위험 요소 포함)
- 재무예측
- 결론

또한, 모든 사업타당성 분석 결과는 기본적으로 위의 항목들을 포함하지만 검토대상이 되는 사업이 공공사업인지 민간사업인지에 따라 그 수행 근거나 강조하는 부분이 다를 수 있다. 민간사업과 공공사업의 사업타당성 조사를 비교하면 아래와 같이 설명이 가능하다.

구분	공공사업		민간사업
주체	정부 / 지방자치단체	사업주	민간기업
목적	사회복지	사회복지 및 이윤창출	이윤창출
근거 법령	국가재정법	사회기반시설에 대한 민간 투자법	–
재원	정부예산	정부예산 + 개인투자	개인투자
대상	총 사업부 1,000억 원 이상이고 국가재정지원 및 공공기관 부담분이 500억 원 이상인 사업		신규사업
보고서 형식	예비타당성 조사		다양한 양식

1) 공공영역의 사업타당성 분석

정부가 주관하는 공공사업은 예산의 효율적 집행을 위해 예비타당성 조사의 대상과 범위를 확대하고 있다. 공공사업은 수익 창출보다는 국가가 국민을 대상으로 공공성을 가진 다양한 서비스를 제공함으로써 국민들의 편익을 증진시키는 것을 주목적으로 한다. 국민의 세금으로 예산을 집행하는 공공사업이다 보니 국가 재정을 투입하더라도 규모가 큰 사업의 경우, 진행을 위해서는 기획재정부가 제시하는 예비타당성 조사를 수행한다. 국내 공공사업의 예비타당성 조사는 다음 4가지 분석을 진행한다.

- 사업기초자료 분석
- 경제적 분석/정책적 분석
- 지역균형발전 분석
- 다기준 분석(AHP : Analytic Hierarchy Process)

이중 경제성 분석은 민간기업에서 추진하는 비즈니스 모델의 수익성 분석과 대응되는 개념으로 손익분기점이나 목표이자율, 수익 등을 산정하는 것처럼 비용 – 편익 분석(Cost – Benefit Analysis)을 수행한다. 또한 모든 분석 결과를 종합하여 다기준 분석 또는 계층화 분석법을 수행하게 되는데, 일반적으로 AHP가 0.5 이상이면 사업시행이 바람직하다고 생각한다.

2) 민간영역의 사업타당성 분석절차

민간기업이 주체가 되어 진행되는 민간사업의 경우 6가지 기본절차에 따라 사업타당성 분석절차를 진행한다.

- 기초조사
- 시장분석 → 수요예측
- 기술타당성 분석 → 투자비 예측
- (수익－비용분석) 현금 유출입 산정
- 경제성평가
- 자금조달계획

일반적으로 민간영업에서 투자안의 타당성을 평가하는데 사용되는 방법을 타당성 분석 기법 또는 자본예산기법이라 하며 분석방법으로는 회계적이익률법, 회수기간법, 내부수익 률법, 순현가법 등이 있다.

② 회계적이익률법과 회수기간법

(1) 회계적이익률법

1) 회계적이익률법의 개념

- 회계적이익률법(accounting rate of return : ARR)은 투자안의 세후평균순이익을 평균장부가치로 나눈 값으로 평균이익률이라고도 한다.

- 회계적이익률법 $= \dfrac{평균순이익}{평균투자액}$

2) 회계적이익률법의 사례

- 기계를 3년간 임대하는 것을 고려하고 있다. 6,000만 원의 임대료와 투자비는 초기에 전액 납입되며, 3년간 정액법으로 전액 감가상각된다. 이 투자안의 자본비용은 10% 일 때, 이 투자안의 회계적이익률은 얼마인가?

구분	1년	2년	3년
수입	6,000	8,000	8,000
지출	2,000	3,000	2,500
감가상각비	2,000	2,000	2,000
영업이익	2,000	3,000	3,500
세금 (40%)	800	1,200	1,400
순이익	1,200	1,800	2,100
CF	3,200	3,800	4,100

① 평균투자액 $= \dfrac{6,000}{2} = 3,000$

② 평균순이익 $= \dfrac{1,200 + 1,800 + 2,100}{3} = 1,700$

③ 회계적이익률 $= \dfrac{1,700}{3,000} = 56.67\%$

3) 의사결정기준

- 회계적이익률이 목표수익률보다 큰 투자안을 채택함

4) 회계적이익률법의 장·단점

① 장점

- 계산이 간편하고 이해하기 쉬움
- 회계장부로부터 자료획득이 용이함

② 단점

- 현금흐름을 이용하지 않고 회계적이익을 사용함
- 시간가치와 위험을 고려하지 않음
- 목표수익률의 설정이 주관적임

(2) 회수기간법

1) 회수기간법의 개념

- 회수기간(payback period)은 투자안에 대한 초기의 투자원금을 회수하는데 소요되는 기간을 말한다.

2) 회수기간법의 사례

- ABC기업의 목표회수기간은 3년이며, 연도별 현금흐름은 다음과 같다. 회수기간법에 따라 각 투자안의 채택여부를 결정하시오.

연도	투자안A	투자안B	투자안C
0	(600)	(600)	(600)
1	300	100	300
2	200	200	200
3	100	300	100
4	100	100	200
5	50	50	100

① 투자안 A : 3년

② 투자안 B : 3년

③ 투자안 C : 3년

3) 의사결정기준

- 산정된 회수기간이 목표회수기간보다 짧은 투자안을 채택한다.

4) 회수기간법의 장·단점

① 장점

- 계산이 간편하고 이해하기 쉬움
- 투자안이 지니고 있는 유동성을 평가하는데 적합함
- 회수기간에 따른 평가는 진부화의 위험을 줄여줌
- 예기치 못한 위험에 대비할 수 있음

② 단점

- 회수기간 내 현금흐름의 시간가치 무시
- 회수기간 이후의 현금흐름 무시
- 목표회수기간 선정이 주관적임
- 기업의 목적은 주주의 부를 극대화하는 것인데, 회수기간은 시간으로 평가함
- 장기 투자안에 부적절함

(3) 할인회수기간법

1) 할인회수기간법의 개념

- 현금흐름을 할인하고 할인된 현금흐름이 초기 투자액과 같아지는데 걸리는 시간을 계산한다.

2) 할인회수기간법의 사례

① 사례1

- 해당 투자안에 대한 적절한 할인율이 10%라고 가정할 때, 할인회수기간법에 따른 투자안 평가를 하시오.

연도	투자안A		투자안B		투자안C	
	회수 기간법	할인회수 기간법	회수 기간법	할인회수 기간법	회수 기간법	할인회수 기간법
0	(600)	(600)	(600)	(600)	(600)	(600)
1	300	272.7	100	90.9	300	272.7
2	200	165.3	200	165.3	200	165.3
3	100	75.1	300	225.4	100	75.1
4	100	68.3	100	68.3	200	136.6
5	50	31.1	50	31.1	100	69.1
회수기간	3년	4.4년	3년	–	3년	3.3년

② 사례2

- 만약 투자안 C와 4년째까지는 현금흐름이 동일하지만 5년째의 현금흐름이 200인 투자안D가 있는 경우 할인회수기간법과 NPV법을 비교하시오.

연도	투자안C		투자안D	
	회수기간법	순현가법	회수기간법	순현가법
0	(600)	(600)	(600)	(600)
1	272.7	272.7	272.7	272.7
2	165.3	165.3	165.3	165.3
3	75.1	75.1	75.1	75.1
4	136.6	136.6	136.6	136.6
5	69.1	69.1	124.2	124.2
회수기간 / NPV	3.3년	111.8	3.3년	166.9

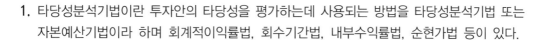

Quiz

1. 타당성분석기법이란 투자안의 타당성을 평가하는데 사용되는 방법을 타당성분석기법 또는 자본예산기법이라 하며 회계적이익률법, 회수기간법, 내부수익률법, 순현가법 등이 있다.

    [정답] ○
    [해설]

2. 회수기간법은 투자안의 세후평균순이익을 평균투자액으로 나눈 값이다.

    [정답] ×
    [해설] 회수기간법 (×) → 회계적이익률법 (○)

3. 투자기간이 3년이고, 3년 동안 순이익이 각각 500원, 1,000원, 1,500원으로 예상되고, 최초 투자액이 5,000원, 잔존가치가 500원, 정액법으로 감가상각(연상각 1,500원)할 때, 회계적 이익률을 구하시오.

    ① 20%

    ② 36.4%

    ③ 40.0%

    ④ 46.4%

    [정답] ②
    [해설] 1,000[주1] / 2,750[주2] = 36.4%
        주1) 연평균 순이익 = (500+1,000+1,500)/3 = 1,000
        주2) 연평균 투자액 = (5,000+500)/2 = 2,750

4. 투자기간이 3년이고, 3년 동안 현금흐름은 각각 500원, 900원, 100원으로 예상되고, 최초
투자액이 1,000원일 때, 회수기간을 구하시오.

① 0.50

② 1.00

③ 1.20

④ 1.56

[정답] ④
[해설] $500/500 + (1{,}000 - 500)/900 = 1.56$

5. 다음 보기 중 회수기간법의 장점이 아닌 것을 고르시오.

① 계산이 간편하고 이해하기 쉽다.

② 투자안이 지니고 있는 유동성을 평가하는데 적합하다.

③ 회수기간 내 현금흐름의 시간가치를 고려한다.

④ 회수기간에 따른 평가는 진부화의 위험을 줄여준다.

[정답] ③
[해설] 회수기간 내 현금흐름의 시간가치를 고려하지 못한다.

1. 투자안의 평가기법

(1) 사업타당성분석대상

1) 공공영역의 사업타당성 분석

① 예비타당성조사의 수행

- 사업기초자료 분석
- 경제적 분석
- 지역균형발전 분석
- 다기준 분석(AHP : Analytic Hierarchy Process)

2) 민간영역의 사업타당성 분석

① 사업타당성조사의 수행

- 기초조사
- 시장분석 → 수요예측
- 기술타당성 분석 → 투자비 예측
- (수익－비용분석) 현금 유출입 산정
- 경제성평가
- 자금조달계획

(2) 타당성분석기법

- 투자안의 타당성을 평가하는데 사용되는 방법을 타당성분석기법 또는 자본예산기법이라 하며 회계적이익률법, 회수기간법, 내부수익률법, 순현가법 등이 있음

2. 회계적이익률법과 회수기간법

(1) 회계적이익률법

1) 회계적이익률법의 개념

- 회계적이익률법(accounting rate of return)은 투자안의 세후평균순이익을 평균 장부가치로 나눈 값

- 회계적이익률법 $= \dfrac{\text{평균순이익}}{\text{평균투자액}}$

① 평균투자액 $= \dfrac{6,000}{2} = 3,000$

② 평균순이익 $= \dfrac{1,200 + 1,800 + 2,100}{3} = 1,700$

③ 회계적이익률 $= \dfrac{1,700}{3,000} = 56.67\%$

2) 의사결정기준

- 회계적이익률이 목표수익률 보다 큰 투자안을 채택함

3) 회계적이익률법의 장·단점

① 장점
- 계산이 간편하고 이해하기 쉬움
- 회계장부로부터 자료획득이 용이함

② 단점
- 현금흐름을 이용하지 않고 회계적이익을 사용함
- 시간가치와 위험을 고려하지 않음
- 목표수익률의 설정이 주관적임

(2) 회수기간법

1) 회수기간법의 개념

- 회수기간(payback period)은 투자안에 대한 초기의 투자원금을 회수하는데 소요되는 기간

2) 의사결정기준

    - 산정된 회수기간이 목표회수기간보다 짧은 투자안을 채택함

3) 회계적이익률법의 장·단점

    ① 장점

        - 계산이 간편하고 이해하기 쉬움

        - 투자안이 지니고 있는 유동성을 평가하는데 적합함

        - 회수기간에 따른 평가는 진부화의 위험을 줄여줌

        - 예기치 못한 위험에 대비할 수 있음

    ② 단점

        - 회수기간 내 현금흐름의 시간가치 무시

        - 회수기간 이후의 현금흐름 무시

        - 목표회수기간 선정이 주관적임

        - 기업의 목적은 주주의 부를 극대화하는 것인데, 회수기간은 시간으로 평가함

        - 장기 투자안에 부적절함

(3) 할인회수기간법

1) 할인회수기간법의 개념

    - 현금흐름을 할인하고 할인된 현금흐름이 초기 투자액과 같아지는데 걸리는 시간을 계산함

Chapter **8**

투자안의 평가 (2)

학습목차	학습목표
1. 순현가법 2. 내부수익률법	1. 순현가법을 이해하고 계산할 수 있다. 2. 내부수익률법을 이해하고 계산할 수 있다.

 순현가법

(1) 순현가법의 개념

1) 재무 관리자의 역할

- 주주의 부를 극대화하는 재무의사결정을 하는 것이며, 주주의 부를 극대화하는 것이 기업가치를 극대화하는 투자안임

2) 순현가법

- 순현가(net present value)는 투자안으로부터 기대되는 미래 현금흐름의 현재가치에서 투자안에 지출된 모든 현금유출의 현재가치를 차감한 값을 말한다.

 ① 순현가(NPV) = 현금유입의 현가 - 현금유출의 현가

 ② $NPV = \sum_{t=1}^{n} \dfrac{CF_t}{(1+r)^t} - I_0$

3) 사례

- 기초 투자액이 300만 원이고, 현금흐름은 3년 동안 각각 200만 원, 100만 원인 투자안이 있다. 투자안의 적정할인율이 10%일 경우의 순현가는 얼마인가?

① 현금흐름

② NPV $= -300 + \dfrac{200}{(1+10\%)^1} + \dfrac{100}{(1+10\%)^2} + \dfrac{100}{(1+10\%)^3} = 39.6$

③ NPV > 0이므로 해당 투자안을 채택함

(2) 순현가법의 속성

1) 순현가법의 속성

- 회계상의 손익이 아닌 현금흐름을 이용
- 모든 기간에 걸친 투자안의 모든 현금흐름을 반영
- 투자기간의 현금흐름을 적정한 할인율로 할인한 현금흐름의 현재가치를 이용
- 가치 가산원리가 적용되어 개별 투자안의 NPV의 합은 그 기업의 가치임

2) 사례

- A기업은 신제품 생산에 필요한 건물에 200억 원을 투자하였다. 이 건물은 5년 후에 전액 감가상각(정액법)된다. 이 투자안의 적정할인율은 10%일 때, A기업은 이 투자안을 채택하여야 하는가?

① 연도별 현금흐름

구분	1년	2년	3년	4년	5년
수입	300	400	600	200	100
지출	200	250	350	150	60
감가상각비	40	40	40	40	40
영업이익	60	110	210	10	–
세금(40%)	24	44	84	4	–
순이익	36	66	126	6	–
CF	76	106	166	46	40

$$② \ NPV = -200 + \frac{76}{(1+10\%)^1} + \frac{106}{(1+10\%)^2} + \frac{166}{(1+10\%)^3} + \frac{46}{(1+10\%)^4}$$

$$+ \frac{40}{(1+10\%)^5} = 137.7$$

③ NPV > 0이므로 해당 투자안을 채택함

(3) 추가 고려사항

1) 추가 고려사항

- 상호배타적인 투자안의 경우 NPV가 가장 큰 투자안을 선택
- 자원이 제한적인 경우 각 투자안들의 NPV를 합산하여 최적의 투자조합을 선택

2) 사례

- A기업은 동일한 위험을 가진 세 투자안을 가지고 있으며, 이 투자안의 적정할인율은 10%라고 하자. A기업은 이 투자안을 채택하여야 하는가?

연도	투자안A	투자안B	투자안C
0	(600)	(600)	(600)
1	300	100	300
2	200	200	200
3	100	300	100
4	100	100	200
5	50	50	100

$$① \ NPV_A = -600 + \frac{300}{(1+10\%)^1} + \frac{200}{(1+10\%)^2} + \frac{100}{(1+10\%)^3} + \frac{100}{(1+10\%)^4}$$

$$+ \frac{50}{(1+10\%)^5} = 12.5$$

② $NPV_B = -600 + \dfrac{100}{(1+10\%)^1} + \dfrac{200}{(1+10\%)^2} + \dfrac{300}{(1+10\%)^3} + \dfrac{100}{(1+10\%)^4}$

$+ \dfrac{50}{(1+10\%)^5} = -19.1$

③ $NPV_C = -600 + \dfrac{300}{(1+10\%)^1} + \dfrac{200}{(1+10\%)^2} + \dfrac{100}{(1+10\%)^3} + \dfrac{200}{(1+10\%)^4}$

$+ \dfrac{100}{(1+10\%)^5} = 111.8$

㉠ 독립적인 투자안 : NPV ﹥ 0인 투자안 A와 C를 선택
㉡ 상호배타적인 투자안 : NPV가 가장 큰 투자안 C를 선택
㉢ 가치가법원리 : NPV(A+C) = 12.5 + 111.8 = 124.3
㉣ 다수의 투자안들이 있는 경우, 단순히 각 투자안들의 NPV를 합산하여 최적의 투자조합을 선택한다. 따라서 개별 투자안들의 공헌도를 쉽게 계산하며, 해당 방식은 순현가법에서만 성립함

(4) 순현가법의 장·단점

1) 장점

- 화폐의 시간가치를 고려하고 있다.
- 현금흐름을 자본조달경비와 주주가 요구하는 수익률을 의미하는 자본비용으로 할인하고 있다.
- NPV는 금액으로 표시되며, 투자결과 기업가치가 NPV만큼 증가한다는 것을 의미한다.
- 순현가법은 위험을 고려하는 평가방법으로 변형될 수 있다.

2) 단점

- 순현가법은 자금이 자본비용으로 재투자된다고 묵시적으로 가정하고 있으나 실제에 있어 재투자수익률은 자본비용과 다를 수 있다.
- 투자안의 수명이 끝날 때까지 자본비용의 크기가 일정하다고 묵시적으로 가정하고 있

으나 경우에 따라 자본비용은 변화한다.

- 투자규모가 현저하게 상이한 투자안들의 경우 NPV로 비교 평가하는 것이 곤란하다.
- 중복투자가 가능한 경우 투자안의 순위 결정에 오류를 가져올 수 있다.

(5) 수익성지수법

1) 수익성지수법(profitability index : PI)의 개념

- 미래 현금흐름의 현재가치를 초기 투자비용으로 나눈 값을 말한다.
- $NPV = \sum_{t=1}^{n} \dfrac{CF_t}{(1+r)^t} \ / \ I_0$

2) 사례1

- A기업은 동일한 위험을 가진 세 투자안을 가지고 있으며, 이 투자안의 적정할인율은 10%라고 하자. A기업은 이 투자안을 채택하여야 하는가?

연도	투자안A	투자안B	투자안C
0	(600)	(600)	(600)
1	300	100	300
2	200	200	200
3	100	300	100
4	100	100	200
5	50	50	100

① PI
   ㉠ PI(A) = 612.5 / 600 = 1.02
   ㉡ PI(B) = 580.8 / 600 = 0.97
   ㉢ PI(C) = 711.8 / 600 = 1.19

② PI > 1.0인 A와 C 투자안 채택

3) 사례2

투자안	현금흐름			현금흐름의 현가			PI	NPV
	0	1	2	0	1	2		
A	−50	200	20	−50	181.8	16.5	3.97	148.4
B	−10	15	40	−10	13.6	33.0	4.67	36.7
A−B	−40	185	−20	−40	168.2	−16.5	3.70	111.7

4) 문제점

- 배타적 투자안의 경우, 투자안의 우선순위 결정 시 NPV법과 상이함
- 가치가법원리 미적용
- 기업가치의 절대적 증가 미고려

내부수익률법

(1) 내부수익률법의 개념

- 내부수익률(internal rate of return : IRR)은 어떤 투자안으로부터 기대되는 미래 현금흐름의 현가를 투자비용과 일치시키는 할인율을 말한다.

- $\sum_{t=1}^{n} \dfrac{CF_t}{(1+IRR)^t} - I_0 = 0$

- IRR은 NPV를 0으로 만드는 수익률을 내부적으로 구한 것

1) 현금흐름

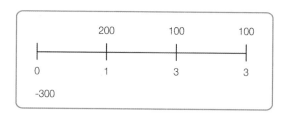

2) $NPV = -300 + \dfrac{200}{(1+IRR)^1} + \dfrac{100}{(1+IRR)^2} + \dfrac{100}{(1+IRR)^3}$

3) NPV = 0으로 만드는 할인율은?

- 할인율 r이 18.52%일 때, NPV가 0, IRR > 할인율일 때, 채택

(2) 내부수익률법의 장·단점

1) 장점

- 화폐의 시간가치를 고려하고 있다.
- IRR은 복리로 계산된 투자수익률을 나타내는 개념이다.
- 위험이 큰 투자안에 대해서는 더 높은 절사율을 적용하기 때문에 결과적으로 투자안의 위험을 고려한 투자결정을 하도록 한다.

2) 단점

- 재투자수익률에 대한 가정이 비현실적이다.
- IRR은 투자안의 크기와 투자금액을 반영하지 못한다.
- 복수의 IRR이 나타나거나 IRR이 존재하지 않는 경우가 있어 의사결정이 곤란하다.
- 각 기간에 적용되는 할인율이 다를 경우에 투자안 평가의 비교기준을 선정할 수 없다.

(3) 순현가법과 내부수익률법의 비교

1) 독립적투자안

① 순현가법과 내부수익률법은 동일한 결과

할인율(r)	10.00%	18.00%	18.52%	19.00%	20.00%
NPV	39.59	2.173	0	−1.975	−6.020

② 내부수익률법은 투자안의 NPV를 0으로 만드는 값으로 할인율이 IRR 보다 작으면 투자안을 채택하고 IRR 보다 크면 기각함

2) 상호배타적 투자안 사례

투자안	연도				NPV				IRR
	0	1	2	3	0%	10%	17%	20%	
A	−1,000	800	300	200	300.3	125.5	27.79	−9.3	19.23%
B	−1,000	200	300	1,000	500.0	181.1	14.5	−46.3	17.69%
A−B	0	−600	0	800	200.3	55.6	−13.3	−37.0	15.47%

① 할인율이 낮을(높을) 때는 투자안 B(A)의 NPV가 큼

② 현금흐름의 패턴

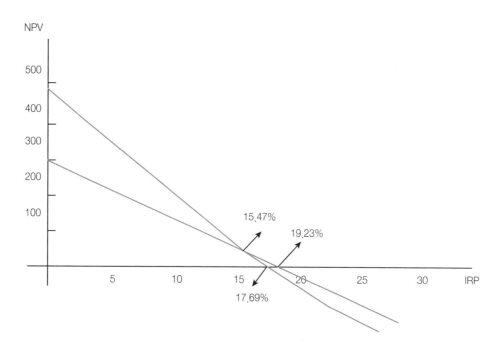

3) 비정상적 현금흐름과 복수의 IRR

- 투자초기 1,000만 원을 투자하고 1기말 2,610만 원의 현금유입, 2기말 1,650만 원의 현금유출이 발생하는 투자안

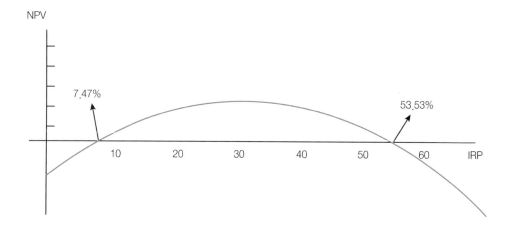

$$- \quad 0 = -1{,}000 + \frac{2{,}610}{(1+7.47\%)} + \frac{1{,}650}{(1+7.47\%)^2} \quad \text{또는}$$

$$- \quad 0 = -1{,}000 + \frac{2{,}610}{(1+53.53\%)} + \frac{1{,}650}{(1+53.53\%)^2} \quad \text{또는}$$

- 7.47%와 53.53%의 두 개의 IRR이 산정되며, 어느 것이 더 우월하다고 할 수 없으므로 둘 다 사용할 수 없음

(4) 순현가법의 우위

1) 재투자수익률의 가정

① 순현가법 : 투자현금흐름을 할인율로 재투자한다고 가정
② 내부수익률법 : 내부수익률로 재투자한다고 가정

2) 복수의 내부수익률

- 복수의 내부수익률과 내부수익률이 존재하지 않는 경우가 존재

3) 할인율의 변동

- IRR과 어떤 해의 할인율과 비교할 것인가 문제가 발생

4) 가치가법의 원리

1. 내부수익률은 투자안으로부터 기대되는 미래 현금흐름의 현재가치에서 투자안에 지출된 모든 현금유출의 현재가치를 차감한 값이다.

   [정답] ×
   [해설] 내부수익률 (×) → 순현가법 (○)

2. 순현가법은 투자규모가 현저하게 상이한 투자안들의 경우 NPV로 비교 평가하는 것이 곤란하다.

   [정답] ○

3. 다음 보기 중 순현가법의 속성이 아닌 것을 고르시오.
   ① 회계상의 손익이 아닌 현금흐름을 이용한다.
   ② 모든 기간에 걸친 투자안의 모든 현금흐름을 반영한다.
   ③ 투자기간의 현금흐름을 내부수익률로 할인한 현금흐름의 현재가치를 이용한다.
   ④ 가치가법원리가 적용되어 개별 투자안의 NPV의 합은 그 기업의 가치이다.

   [정답] ③
   [해설] 투자기간의 현금흐름을 적정한 할인율(자본비용)로 할인한 현금흐름의 현재가치를 이용한다.

4. 투자기간이 3년이고, 3년 동안 현금흐름은 각각 500원, 900원, 100원으로 예상되고, 자본 비용이 10%라고 할 때, 최초 투자액이 1,000원이라면 NPV는 얼마인가?

① 0

② 273.48

③ 373.48

④ 500

[정답] ②

[해설] $500/(1+10\%)^1 + 900/(1+10\%)^2 + 100/(1+10\%)^3 - 1,000 = 273.48$

5. 다음 보기 중 내부수익률의 장점이 아닌 것을 고르시오.

① 화폐의 시간가치를 고려하고 있다.

② IRR(내부수익률)은 복리로 계산된 투자수익률을 나타내는 개념이다.

③ 위험이 큰 투자안에 대해서는 더 높은 절사율을 적용하기 때문에 결과적으로 투자안 의 위험을 고려한 투자결정을 하도록 한다.

④ 가치가법원리가 적용되어 개별 투자안의 IRR을 더하면 전체 투자안의 IRR이 된다.

[정답] ④

[해설] IRR은 가치가법의원리가 적용되지 않는다.

1. 순현가법

(1) 순현가법의 개념

- 순현가(net present value)는 투자안으로부터 기대되는 미래 현금흐름의 현재가치에서 투자안에 지출된 모든 현금유출의 현재가치를 차감한 값
  ① 순현가(NPV) = 현금유입의 현가 - 현금유출의 현가
  ② $NPV = \sum_{t=1}^{n} \frac{CF_t}{(1+r)^t} - I_0$

(2) 수익성지수법

1) 수익성지수법(profitability index : PI)의 개념

- 미래 현금흐름의 현재가치를 초기투자비용으로 나눈 값

- $NPV = \sum_{t=1}^{n} \frac{CF_t}{(1+r)^t} - I_0$

(3) 순현가법의 장·단점

1) 장점

- 화폐의 시간가치를 고려하고 있다.
- 현금흐름을 자본조달경비와 주주가 요구하는 수익률을 의미하는 자본비용으로 할인하고 있다.
- NPV는 금액으로 표시되며, 투자결과 기업가치가 NPV만큼 증가한다는 것을 의미한다.
- 순현가법은 위험을 고려하는 평가방법으로 변형될 수 있다.

2) 단점

- 순현가법은 자금이 자본비용으로 재투자된다고 묵시적으로 가정하고 있으나 실제에 있어 재투자수익률은 자본비용과 다를 수 있다.

- 투자안의 수명이 끝날 때까지 자본비용의 크기가 일정하다고 묵시적으로 가정하고 있으나 경우에 따라 자본비용은 변화한다.
- 투자규모가 현저하게 상이한 투자안들의 경우 NPV로 비교 평가하는 것이 곤란하다.
- 중복투자가 가능한 경우 투자안의 순위 결정에 오류를 가져올 수 있다.

2. 내부수익률법

(1) 내부수익률법의 개념

- 내부수익률(internal rate of return : IRR)은 어떤 투자안으로부터 기대되는 미래 현금흐름의 현가를 투자비용과 일치시키는 할인율
- $\sum_{t=1}^{n} \dfrac{CF_t}{(1+IRR)^t} - I_0 = 0$
- IRR은 NPV를 0으로 만드는 수익률을 내부적으로 구한 것

(2) 내부수익률법의 장·단점

1) 장점

- 화폐의 시간가치를 고려하고 있다.
- IRR은 복리로 계산된 투자수익률을 나타내는 개념이다.
- 위험이 큰 투자안에 대하여서는 더 높은 절사율을 적용하기 때문에 결과적으로 투자안의 위험을 고려한 투자결정을 하도록 한다.

2) 단점

- 재투자수익률에 대한 가정이 비현실적이다.
- IRR은 투자안의 크기와 투자금액을 반영하지 못한다.
- 복수의 IRR이 나타나거나 IRR이 존재하지 않는 경우가 있어 의사결정이 곤란하다.
- 각 기간에 적용되는 할인율이 다를 경우에 투자안평가의 비교기준을 선정할 수 없다.

(3) 순현가법의 우위

1) 재투자수익률의 가정

① 순현가법 : 투자현금흐름을 할인율로 재투자한다고 가정

② 내부수익률법 : 내부수익률로 재투자한다고 가정

2) 복수의 내부수익률

- 복수의 내부수익률과 내부수익률이 존재하지 않는 경우가 존재

3) 할인율의 변동

- IRR과 어떤 해의 할인율과 비교할 것인가 문제가 발생

4) 가치가법의 원리

Chapter **9**

현금흐름분석

학습목차	학습목표
1. 현금흐름의 추정과 측정 2. FCFF와 배분	현금흐름 추정 시 고려할 사항에 대해 살펴보고 영업현금흐름(OCF)의 산술 과정을 이해한다. 그리고 나아가 기업잉여현금흐름(FCFF)의 개념을 이해하고 FCFF를 측정하는 방법과 채권자와 주주에 배분되는 현금흐름도 계산해본다.

① 현금흐름의 측정과 추정

(1) 현금흐름의 측정

1) 현금흐름의 평가

　기업가치의 평가는 현금흐름(Cash Flow)를 기초로 한다. 현금이란 투자로부터 발생하는 모든 현금의 움직임을 의미한다. 투자로 인하여 유입되는 현금을 현금유입(Cash Inflow : CI)이라 하며, 지출되는 현금을 현금유출(Cash Outflow : CO)이라 하고, CI와 CO의 차를 순현금흐름(Net Cash Flow : NCF) 또는 간단히 현금흐름이라 한다.

$$NCF = CI - CO$$

　NCF ： 순현금흐름
　CI　 ： 순현금유입
　CO　： 순현금유출

2) 현금흐름을 사용하는 이유

투자가치평가의 기준으로 회계 이익을 사용하지 않고 현금흐름을 사용하는 이유는 다음의 두가지로 설명할 수 있다.

① 동등한 평가기준 적용

투자금액은 현금으로 평가하고 성과는 이익으로 평가한다면 평가기준이 서로 상이하기 때문에 그릇된 의사결정을 할 수 있다.

② 회계이익 개념의 한계

회계장부상의 이익은 실제 기업이 활용할 수 있는 돈을 의미하는 것이 아니다.

(2) 현금흐름의 유형

기업가치를 평가하는데 사용되는 재무적 입장에서의 현금흐름은 재무제표의 현금흐름표상의 현금흐름과 다르다. 회계상 현금흐름표에서는 현금흐름이 어떠한 활동으로부터 창출되었는지에 따라 영업활동현금흐름, 투자활동현금흐름, 재무활동현금흐름으로 구분한다. 그러나 기업가치를 평가하는데 있어서 현금흐름은 영업현금흐름과 자유현금흐름의 관점에서 접근한다.

1) 영업현금흐름(Operating Cash Flow : OCF)

자본조달 방법과는 관계없이 영업활동으로부터 발생한 세후 현금흐름을 말한다. OCF는 현금흐름표의 영업활동현금흐름과는 그 성격이 다르다. 영업활동현금흐름은 순이익에 감가상각비를 합산하고 운전자본변동분을 가감하여 산출한다. 그러나 OCF에서는 운전자본의 증감을 고려하지 않는다. 따라서 OCF와 영업활동현금흐름을 혼동하여 사용하지 않도록 주의할 필요가 있다.

2) 영업현금흐름 산출식

영업현금흐름(OCF)은 다음과 같이 산출한다.

	영업수입	S
−	영업비용	C
−	감가상각비	D
=	영업이익	EBIT
−	세금	T
=	세후영업이익	NOPAT
+	감가상각비	D
=	영업현금흐름	OCF

이를 식으로 표현하면 다음과 같다.

$$
\begin{aligned}
OCF &= (S-C-D)(1-t) + D \\
&= EBIT(1-t) + D \\
&= NOPAT + D
\end{aligned}
$$

(3) 현금흐름 추정시 고려사항

1) 증분기준

① 투자결정으로 기업 전체에 미치는 부수적 효과(Side effect)도 현금흐름 추정시 함께 고려하여야 함

② 매몰원가(sunk cost)를 현금흐름에 포함하여서는 안됨

③ 기업이 다른 용도로 활용할 수 있는 자원을 특정 투자에 사용한다면 이 자원에 대한 기회비용(opportunity cost)을 그 투자에 대한 현금흐름에 고려하여야 함

2) 세금

① 현금흐름은 납세 후 기준으로 추정하여야 함

② 투자세액공제를 받는 자산에 투자를 하는 경우 투자세액공제액만큼 투자시점에서의 현금유입으로 처리함

3) 잔존가치

투자라는 현금유출이 있었기 때문에 잔존가치가 발생하는 것이므로 잔존가치는 투자안의 수명이 종료되는 시점에 회수되는 현금유입으로 처리한다.

4) 보유자산매각손익

① $CF = RV - (RV - BV) \cdot t$[11]

RV : 처분가치
BV : 장부가액

② 보유자산의 감가상각액과 대체자산의 감가상각액의 차이에 따른 감가상각의 감세효과도 고려하여야 함

5) 이자 및 배당금

이자비용이나 배당과 같은 금융비용은 기업의 영업활동에 대한 성과와 무관하므로 현금흐름에 고려하지 않는다.

→ 단, 이자비용과 배당금은 자금조달에 따른 기회비용이므로 해당 자본비용을 할인율에 반영함

6) 순운전자본

① 순운전자본 = 유동자산 - 유동부채
  a. 유동자산 : 현금, 매출채권, 재고자산 등
  b. 유동부채 : 매입채무 등
② 일상적인 영업활동에 필요한 자금
③ 단기부채를 지급하는데 사용할 단기자산
④ 기업의 영업활동을 표시하는 자금
⑤ 추가적으로 요구되는 운전자본을 그 발생시점에서 현금유출로 처리하며, 투자수명이 끝날 때 운전자본이 감소한다면 이는 현금유입으로 처리함

---

11) 보유자산 처분대가에서 장부가액을 차감한 처분손익에 대한 법인세 효과분을 의미합니다.

7) 자본적지출

고정자산의 내용연수를 연장시키거나 자산의 가치를 현실적으로 증가시키기 위해 지출한 금액으로 현금유출로 처리한다.

8) 인플레이션

미래에 인플레이션이 예상되면 현금흐름과 할인율에 이를 일관성 있게 고려하여야 한다.

기업잉여현금흐름(FCFF)과 배분

(1) 재무상태표(재무관리)

기업잉여현금흐름(FCFF)을 이해하기 위해서는 회계상 재무상태표를 재무적 관점으로 치환하여 인식할 필요가 있다. FCFF를 산출하기 위해서는 순운전자본 및 자본적지출의 개념을 알아야 하기 때문이다. 재무적 관점으로 치환한 재무상태표는 다음과 같다.

운용	조달
• 영업자산 　순운전자본 　(= 유동자산 – 유동부채) 　영업고정자산	타인자본 타인자본
• 비영업자산 　초과현금 및 시장성 유가증권	

(2) 자유현금흐름(FCF)

자유현금흐름(free cash flow : FCF)이란 영업현금흐름으로 자본투자와 운전자본을 지출을 한 후에 기업이 자유롭게 활용할 수 있는 현금흐름으로 기업잉여현금흐름(free cash flow to the firm : FCFF), 잉여현금흐름, 또는 가처분현금흐름이라고 한다. FCFF는 OCF 또는 손익계산서의 순이익으로부터 산출할 수 있다.

① OCF 접근법

FCFF를 OCF로부터 다음과 같이 산출할 수 있다.

	영업현금흐름	OCF
−	순운전자본 증분	$\triangle$NWC
−	자본적지출 증분(총액)	$\triangle$CAPEX
=	자유현금흐름	FCFF

② 순이익(NI) 접근법

FCFF를 손익계산서의 순이익으로부터 산출할 수 있다.

	순이익	NI
+	감가상각비	D
+	세후 지급이자	$I \times (1-t)$[12]
−	순운전자본 증분	$\triangle$NWC
−	자본적지출 증분(총액)	$\triangle$CAPEX
=	자유현금흐름	FCFF

(3) 기업잉여현금흐름(FCFF)

'OCF접근법'에 따라 FCFF 산출식을 구체화하면 다음과 같이 표현할 수 있다.

$$
\begin{aligned}
\text{FCFF} &= \text{영업현금흐름(OCF)} && \cdots \text{(영업자산 재투자)}\\
&= \text{EBIT}(1-t) + \text{Dep} && \cdots (\text{Dep} + \triangle\text{영업자산})\\
&= \text{EBIT}(1-t) + \text{Dep} && \cdots (\text{Dep} + \triangle\text{고정자산} + \triangle\text{순운전자본})\\
&= \text{영업현금흐름} && \cdots \text{(자본적지출 + 추가순운전자본)}
\end{aligned}
$$

---

12) 이자비용(I)에 대한 법인세 ($I \times t$)를 차감한 후의 세후 지급이자를 의미합니다.

(4) 기업잉여현금흐름의 배분

기업잉여현금흐름(FCFF)은 채권자와 주주에게 배분되는 대상이 된다. 따라서 FCFF는 채권자현금흐름과 주주현금흐름으로 별도로 표현할 수 있다.

1) 채권자현금흐름

기업이 채권자에게 지급하는 이자와 원금상환은 채권자에게는 현금유입이 되고, 기업이 채권자로부터 부채를 조달하는 것은 채권자에게는 현금유출이 된다. 즉, 기업의 측면에서 측정하는 채권자현금흐름은 세후지급이자와 부채 증가분이다. 이때 주의할 점은 기업 입장에서 부담하는 지급이자는 세후이자비용이라는 점이다.

$$\text{채권자 CF} = I \cdot (1-t) \cdots (\text{채권자 투자액})$$
$$= I \cdot (1-t) \cdots (\varDelta \text{부채})$$
$$= I \cdot (1-t) \cdots (\text{차입액} - \text{상환액})$$

2) FCFE(주주잉여현금흐름)

주주에게 귀속되는 현금흐름으로 배당금 지급이나 자사주매입, 그리고 기업인수 등에 사용될 수 있는 현금이다. 주주현금흐름의 산출식은 다음과 같다.

$$FCFE = EBIT\,(1-t) + Dep - I \cdot (1-t) + \varDelta \text{부채} \quad \cdots (\text{주주 투자액})$$
$$= (EBIT-I)\,(1-t) + Dep + \varDelta \text{부채} \quad \cdots (Dep + \varDelta \text{자기자본})$$
$$= NI + DEP + \varDelta \text{부채} \quad \cdots (Dep + \text{증자액} - \text{감자액})$$

(5) 무성장 기업의 잉여현금흐름과 가치평가

무성장하는 기업을 가정하는 경우 해당 기업은 현재의 고정자산을 유지하기 위한 감가상각비 만큼만 재투자한다고 가정한다. 따라서 영업자산의 투자액은 감가상각비만 지출하는 것으로 하며 자세한 산출과정은 다음과 같다.

$$\text{무성장} = \text{영업현금흐름} \quad \cdots Dep$$
$$FCFF = EBIT\,(1-t) + Dep \quad \cdots Dep$$
$$= EBIT\,(1-t)$$
$$= NI + Dep + I \cdot (1-t) \quad \cdots Dep$$

1. 다음은 A기업의 비교재무상태표와 손익계산서이다. 2020년도 이익에 대한 배당금은 100억 원일 때 물음에 답하라.

<table>
<tr><td colspan="7" align="center">재무상태표</td><td colspan="2" align="center">손익계산서</td></tr>
<tr><td colspan="7" align="right">(단위 : 억 원)</td><td colspan="2" align="right">(단위 : 억 원)</td></tr>
<tr><td></td><td>2019</td><td>2020</td><td></td><td>2019</td><td>2020</td><td></td><td></td><td></td></tr>
<tr><td></td><td></td><td></td><td></td><td></td><td></td><td></td><td>매출액</td><td>1,300</td></tr>
<tr><td>유동자산</td><td>200</td><td>470</td><td>유동부채</td><td>120</td><td>230</td><td></td><td>매출원가</td><td>(700)</td></tr>
<tr><td>비유동자산</td><td>800</td><td>1,630</td><td>비유동부채</td><td>300</td><td>700</td><td></td><td>감가상각비</td><td>(100)</td></tr>
<tr><td></td><td></td><td></td><td></td><td></td><td></td><td></td><td>영업이익</td><td>500</td></tr>
<tr><td></td><td></td><td></td><td>자본</td><td>580</td><td>1,170</td><td></td><td>이자비용</td><td>(50)</td></tr>
<tr><td></td><td></td><td></td><td></td><td></td><td></td><td></td><td>법인세비용차감전순이익</td><td>450</td></tr>
<tr><td>계</td><td>1,000</td><td>2,100</td><td>계</td><td>1,000</td><td>2,100</td><td></td><td>법인세 (세율 40%)</td><td>(180)</td></tr>
<tr><td></td><td></td><td></td><td></td><td></td><td></td><td></td><td>세후순이익</td><td>270</td></tr>
</table>

[물음1] 영업현금흐름을 구하라.

[정답] $500 \times (1-0.4) + 100 = 400$억 원

[물음2] 기업잉여현금흐름을 구하라.

[정답] • 추가순운전자본 $= 240 - 80 = 160$억 원
• 자본적지출 $= 1,630 - 800 + 100 = 930$억 원
• FCFF $= 400 - (160 + 930) = -690$억 원

[물음3] 2020년 중 600억 원의 신규차입이 있었다고 한다. 상환액의 규모를 구하고, 채권자 현금흐름을 구하라. 단, 채권자현금흐름은 기업이 채권자에게 지급한 순현금흐름을 의미한다.

[정답] • $\triangle$고정부채 = 차입액 − 상환액 → $700 - 300 = 600 -$ 상환액 → 상환액 $= 200$억 원
• 채권자 CF $= 50 \times (1-0.4) - (700-300)$
    $= 50 \times (1-0.4) - (600-200) = -370$억 원

[물음4] 2020년 중 자사주매입액이 50억 원이라고 할 때 유상증자액을 구하고, 주주잉여현금흐름을 구하라.

[정답] • △자기자본 = 유보액 + 유상증자 − 자사주매입액
→ 1,170 − 580 = (270 − 100) + 유상증자액 − 50 → 유상증자액 = 470억 원
• FCFE = 270 + 100 − (1,170 − 580 + 100) = −320

[물음5] 기업잉여현금흐름이 (물음3)의 채권자현금흐름과 주주잉여현금흐름의 합과 동일함을 보여라.

[정답] 채권자CF + FCFE = (−370) + (−320) = −690억 원

2. A기업은 앞으로 248억 원의 영업이익이 성장없이 영구히 발생한다고 한다. A기업의 목표부채비율 (B/S) = 100%이고, 자기자본비용은 20%, 세전타인자본비용은 8%라고 한다. 법인세율은 40%이다.

[물음1] A기업의 매년 기업잉여현금흐름은 얼마인가?

[정답] FCFF = 248 × (1−0.4) = 148.8억 원

[물음2] A기업의 가치는 얼마인가?

[정답]

• $k_0 = 20\% \times \dfrac{1}{2} + 8\%(1-0.4) \times \dfrac{1}{2} = 12.4\%$

• $V = \dfrac{148.8}{12.4\%} = 1,200$억 원

[물음3] A기업의 매년 주주잉여현금흐름을 구하고, 이를 이용하여 자기자본가치를 구하라.

[정답]

$B = 1,200 \times \dfrac{1}{2} = 600$억 원

$FCFE = (248 - 600 \times 8\%) \times (1-0.4) = 120$억 원

$S = \dfrac{120}{20\%} = 600$억 원

1. 영업현금흐름(OCF)

$$OCF = (S-C-D)(1-t) + D$$
$$= EBIT\ (1-t) + D$$
$$= NOPAT + D$$

2. 기업잉여현금흐름(FCFF)

'OCF접근법'에 따라 FCFF 산출식을 구체화하면 다음과 같이 표현할 수 있다.

$$FCFF = 영업현금흐름(OCF) \quad \cdots (영업자산 재투자)$$
$$= EBIT\ (1-t) + Dep \quad \cdots (Dep + \triangle영업자산)$$
$$= EBIT\ (1-t) + Dep \quad \cdots (Dep + \triangle고정자산 + \triangle순운전자본)$$
$$= 영업현금흐름 \quad \cdots (자본적지출 + 추가순운전자본)$$

3. 기업잉여현금흐름의 배분

기업잉여현금흐름(FCFF)은 채권자와 주주에게 배분되는 대상이 된다. 따라서 FCFF 는 채권자현금흐름과 주주현금흐름으로 별도로 표현할 수 있다.

(1) FCFE(주주잉여현금흐름)

$$채권자\ CF = I \cdot (1-t) \quad \cdots (채권자 투자액)$$
$$= I \cdot (1-t) \quad \cdots (\triangle부채)$$
$$= I \cdot (1-t) \quad \cdots (차입액 - 상환액)$$

(2) FCFE(주주잉여현금흐름)

$$
\begin{aligned}
\text{FCFE} &= \text{EBIT}\,(1-t) + \text{Dep} - I \cdot (1-t) + \varDelta\text{부채} \cdots (\text{주주 투자액}) \\
&= (\text{EBIT} - I)\,(1-t) + \text{Dep} + \varDelta\text{부채} \qquad \cdots (\text{Dep} + \varDelta\text{자기자본}) \\
&= \text{NI} + \text{DEP} + \varDelta\text{부채} \qquad\qquad\quad \cdots (\text{Dep} + \text{증자액} - \text{감자액})
\end{aligned}
$$

4. 무성장 기업의 잉여현금흐름과 가치평가

무성장하는 기업을 가정하는 경우 해당 기업은 현재의 고정자산을 유지하기 위한 감가상각비만큼만 재투자한다고 가정한다. 따라서 영업자산의 투자액은 감가상각비만 지출하는 것으로 하며 자세한 산출과정은 다음과 같다.

$$
\begin{aligned}
\text{무성장} &= \text{영업현금흐름} \qquad\qquad \cdots \text{Dep} \\
\text{FCFF} &= \text{EBIT}\,(1-t) + \text{Dep} \quad\; \cdots \text{Dep} \\
&= \text{EBIT}\,(1-t) \\
&= \text{NI} + \text{Dep} + I \cdot (1-t) \cdots \text{Dep}
\end{aligned}
$$

Chapter **10**

시간가치_단일현금흐름

학습목차	학습목표
1. 시간가치 관련 용어 정리 2. 단일현금흐름의 미래가치 3. 단일현금흐름의 현재가치 4. 연표시이자율과 실효이자율	1. 시간가치 관련 용어 정리에 대해 이해하고 설명할 수 있다. 2. 단일현금흐름의 미래가치와 현재가치에 대해 이해하고 설명할 수 있다. 3. 연표시이자율과 실효이자율에 대해 이해하고 설명할 수 있다.

① 시간가치 관련 용어 정리

화폐의 시간가치란 서로 다른 시점에 발생하는 현금흐름에 대하여 시간차이에 따른 기회비용을 고려하여 일정시점의 가치로 환산한 것을 말한다. 화폐의 시간가치와 관련된 용어를 정리하면 다음과 같다.

- PVIF(present value interest factor) : 현가이자요소, 현가계수
- PVIFA(present value interest factor for annuity) : 연금현가이자요소, 연금현가계수
- FVIF(future value interest factor) : 복리이자요소
- FVIFA(future value interest factor for annuity) : 연금복리이자요소
- R : 1기간 동안의 이자율
- n : 1기간을 의미

② 단일현금흐름의 미래가치

(1) 미래가치의 개념

1) 단일현금흐름의 미래가치

현재의 일정금액을 미래의 특정시점에 평가한 가치를 말하며, 미래가치를 구하는 것을

복리계산이라고 한다. 사람들은 일반적으로 미래의 소비보다는 현재의 소비를 선호하며, 따라서 현재 투자에 대한 대가로 미래에 일정한 이자를 요구한다.

예를 들어 현재 수중에 있는 100만 원을 은행에 예금한 경우 현재 소비할 수 있는 자산을 투자하여 미래의 구매력을 증대하는 행위를 한다. 이는 우리가 알게 모르게 미래가치 계산을 평상시에도 활용하고 있는 것이다.

2) 이자율

이자율은 현재와 미래를 연결시켜주는 고리의 역할을 한다. 즉 아래와 같은 물음에 기준이 되는 것이 이자율이다.

① 현재 소비할 것인가?
② 미래를 위해 투자(저축)할 것인가?

(2) 미래가치의 예시

1) 이자율 10%, 원금 100만 원의 미래가치

① $FV_1 = PV(1+r)^1 = 100(1.1)^1 = 110$

② $FV_2 = FV_1(1+r)^1 = 110(1.1)^1$
$\qquad\quad = PV(1+r)(1+r) = 100(1.1)^2 = 121$

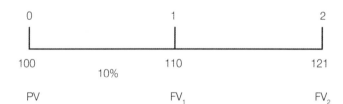

③ 이자율 10%, 원금 100만 원의 3년 후의 미래가치

④ $FV_3 = FV_2(1+r)^1 = 121(1.1)^1$
$\qquad\quad = PV(1+r)(1+r)(1+r) = PV(1+r)^3 = 100(1.1)^3 = 133.1$

(3) 미래가치의 일반화 공식

① $FV_1 = PV(1+r)^1$

② $FV_2 = PV(1+r)^2$

→ 상기 식을 바탕으로 미래가치의 공식을 일반화하면 다음과 같다. 또한 미래가치는 수학적으로 직접 계산 가능하며, 시간가치계수표를 활용하여 산출할 수도 있다.

　　a. 수학적접근

　　　$FV_n = PV(1+r)^n$

　　b. 시간가치계수표 접근

　　　$FV_n = PV \times FVIF(r, n)$

❸ 단일현금흐름의 현재가치

(1) 현재가치의 개념

1) 단일현금흐름의 현재가치

미래의 일정금액을 현재의 시점에서 평가한 가치를 말한다. 현재가치의 개념은 필수수익률, 자본비용, 가치평가, 자본예산 등의 계산에 활용된다.

2) 할인(discount)

일반적으로 현재가치는 미래가치보다 작은 금액으로 산출되기 때문에 현재가치를 구하는 것을 할인(discount)이라고 하며, 이 때 사용되는 이자율을 할인율(discount rate)이라고 한다. 미래가치와 현재가치를 구하는 식을 표현하면 다음과 같다.

　$FV_n = PV \times (1+r)^n \rightarrow PV = FV_n / (1+r)^n$

(2) 현재가치의 예시

① 이자율 10%, 2년 후 상환금액 121만 원의 현재가치

　$PV = FV^2/(1+r)^2 = 121/(1+1.1)^2 = 100$

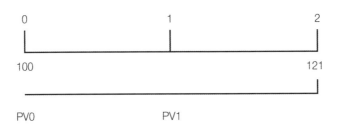

(3) 현재가치의 일반화 공식

$$PV = FV_1 / (1+r)^1$$
$$PV = FV_2 / (1+r)^2 \cdots$$

→ 위의 식을 바탕으로 현재가치의 공식을 일반화하면 다음과 같다. 또한 현재가치는 수
학적으로 직접 계산 가능하며, 시간가치계수표를 활용하여 산출할 수도 있다.
    a. 수학적접근
$$PV = FV_n / (1+r)^n$$
    b. 시간가치계수표 접근
$$PV = FV_n \times PVIF(r, n)$$

④ 연표시이자율과 실효이자율

이자계산의 1기간이 1년 보다 작은 경우에도 이자율은 일반적으로 1년을 기준으로 표시
하므로 연환산의 이슈가 발생한다. 따라서 이자율을 표현하는 방법은 연표시이자율(APR)
과 실효이자율(EAR)이 있다.

(1) 연표시이자율(APR) : 연환산시 단순연환산 방식

   • $APR = R \times n$

(2) 실효이자율(EAR) : 복리를 고려한 연간 실질적 수익률을 표시하는 방식

   • $(1+EAR) = (1+R)^n = (1 + APR/n)^n$

(3) 사례

- 잔존만기 2년, 액면이자율은 10%(반기마다 지급), 액면가액은 10,000원, 현재가치 할인율은 8%이다.
- 채권의 현재가격은 다음과 같다.

$$= 500/1.04 + 500/1.04^2 + 500/1.04^3 + 500/1.04^4 = 10,363원$$

[질문]

① 쿠폰이자율은 얼마인가?

10%

② 연표시이자율은 얼마인가?

8%, 이표채의 시장이자율(만기수익률)은 APR이므로 연이자율 8%는 6개월간 4%의 이자율을 의미함.

③ 실효이자율은 얼마인가?

$(1+EAR) = (1+8\%/2)^2$ 따라서 실효이자율은 8.16%

Quiz

미래가치

1. 현금 10,000원을 연 이자율 5%로 정기예금 하였을 때, 3년 후의 미래가치는 얼마인가?
   (미래가치를 수학적 접근법과 시간가치계수표를 이용하여 각각 산정하시오.)

> [정답] ① 수학적 접근
> $$FV_3 = 10,000 \times (1+0.05)^3 = 11,576$$
> ② 시간가치계수표 접근
> $$FV_3 = 10,000 \times FVIF(5\%, 3) = 10,000 \times 1.1576 = 11,576$$

[부록1] 이자요소표

미래가치(복리이자)요소표 [$FVIF(r, n) = (1+r)^n$]

n＼r	1%	2%	3%	4%	5%	6%	7%	8%	9%	10%
1	1.0100	1.0200	1.0300	1.0400	1.0500	1.0600	1.0700	1.0800	1.0900	1.1000
2	1.0201	1.0404	1.0609	1.0816	1.1025	1.1236	1.1449	1.1664	1.1881	1.2100
3	1.0303	1.0612	1.0927	1.1249	1.1576	1.1910	1.2250	1.2597	1.2950	1.3310
4	1.0406	1.0824	1.1255	1.1699	1.2155	1.2625	1.3108	1.3605	1.4116	1.4641
5	1.0510	1.1041	1.1593	1.2167	1.2763	1.3382	1.4026	1.4693	1.5386	1.6105

현재가치

2. 연 이자율 7%인 경우, 3년 후 10,000원의 목돈을 만들려면 현재 얼마를 저금하여야 하는
   가? (현재가치를 수학적 접근법과 시간가치계수표를 이용하여 각각 산정하시오.)

> [정답] ① 수학적접근
> $$PV_3 = 10,000 / (1+0.07)^3 = 8,163$$
> ② 시간가치계수표 접근
> $$PV_3 = 10,000 \times PVIF(7\%, 3) = 10,000 \times 0.8163 = 8,163$$

[부록2] 이자요소표

현재가치(현가이자)요소표 [PVIF(r, n) = 1/(1+r)^n]

n \ r	1%	2%	3%	4%	5%	6%	7%	8%	9%	10%
1	0.9901	0.9804	0.9709	0.9615	0.9524	0.9434	0.9346	0.9259	0.9174	0.9091
2	0.9803	0.9612	0.9426	0.9246	0.9070	0.8900	0.8734	0.8573	0.8417	0.8264
3	0.9706	0.9423	0.9151	0.8890	0.8638	0.8396	0.8163	0.7938	0.7722	0.7513
4	0.9610	0.9238	0.8885	0.8548	0.8227	0.7921	0.7629	0.7350	0.7084	0.6830
5	0.9515	0.9057	0.8626	0.8219	0.7835	0.7473	0.7130	0.6806	0.6499	0.6209

[부록3] 이자요소표

<부표1> 미래가치이자요소표 [FVIF(r, n) = (1+r)^n]

n \ r	1%	2%	3%	4%	5%	6%	7%	8%	9%	10%
1	1.0100	1.0200	1.0300	1.0400	1.0500	1.0600	1.0700	1.0800	1.0900	1.1000
2	1.0201	1.0404	1.0609	1.0816	1.1025	1.1236	1.1449	1.1664	1.1881	1.2100
3	1.0303	1.0612	1.0927	1.1249	1.1576	1.1910	1.2250	1.2597	1.2950	1.3310
4	1.0406	1.0824	1.1255	1.1699	1.2155	1.2625	1.3108	1.3605	1.4116	1.4641
5	1.0510	1.1041	1.1593	1.2167	1.2763	1.3382	1.4026	1.4693	1.5386	1.6105
6	1.0615	1.1262	1.1941	1.2653	1.3401	1.4185	1.5007	1.5869	1.6771	1.7716
7	1.0721	1.1487	1.2299	1.3159	1.4071	1.5036	1.6058	1.7138	1.8280	1.9487
8	1.0829	1.1717	1.2668	1.3686	1.4775	1.5938	1.7182	1.8509	1.9926	2.1436
9	1.0937	1.1951	1.3048	1.4233	1.5513	1.6895	1.8385	1.9990	2.1719	2.3579
10	1.1046	1.2190	1.3439	1.4802	1.6289	1.7908	1.9672	2.1589	2.3674	2.5937
11	1.1157	1.2434	1.3842	1.5395	1.7103	1.8983	2.1049	2.3316	2.5804	2.8531
12	1.1268	1.2682	1.4258	1.6010	1.7959	2.0122	2.2522	2.5182	2.8127	3.1384
13	1.1381	1.2936	1.4685	1.6651	1.8856	2.1329	2.4098	2.7196	3.0658	3.4523
14	1.1495	1.3195	1.5126	1.7317	1.9799	2.2609	2.5785	2.9372	3.3417	3.7975
15	1.1610	1.3459	1.5580	1.8009	2.0789	2.3966	2.7590	3.1722	3.6425	4.1772
16	1.1726	1.3728	1.6047	1.8730	2.1829	2.5404	2.9522	3.4259	3.9703	4.5950

n \ r	1%	2%	3%	4%	5%	6%	7%	8%	9%	10%
17	1.1843	1.4002	1.6528	1.9479	2.2920	2.6928	3.1588	3.7000	4.3276	5.0545
18	1.1961	1.4282	1.7024	2.0258	2.4066	2.8543	3.3799	3.9960	4.7171	5.5599
19	1.2081	1.4568	1.7535	2.1068	2.5270	3.0256	3.6165	4.3157	5.1417	6.1159
20	1.2202	1.4859	1.8061	2.1911	2.6533	3.2071	3.8697	4.6610	5.6044	6.7275
21	1.2324	1.5157	1.8603	2.2788	2.7860	8.3996	4.1406	5.0338	6.1088	7.4002
22	1.2447	1.5460	1.9161	2.3699	2.9253	3.6035	4.4304	5.4365	6.6586	8.1403
23	1.2572	1.5769	1.9736	2.4647	3.0715	3.8197	4.7405	5.8715	7.2579	8.9543
24	1.2697	1.6084	2.0328	2.5633	3.2251	4.0489	5.0724	6.3412	7.9111	9.8497
25	1.2824	1.6406	2.0938	2.6658	3.3864	4.2919	5.4274	6.8485	8.6231	10.8350
30	1.3478	1.8114	2.4273	3.2434	4.3219	5.7435	7.6123	10.0630	13.2680	17.4490
35	1.4166	1.9999	2.8139	3.9461	5.5160	7.6861	10.6770	14.7850	20.4140	28.1020
36	1.4308	2.0399	2.8983	4.1039	5.7918	8.1473	11.4240	15.9680	22.2510	30.9130
40	1.4889	2.2080	3.2620	4.8010	7.0400	10.2860	14.9740	21.7250	31.4090	45.2590
50	1.6446	2.6916	4.3839	7.1067	11.4670	18.4200	29.4570	46.9020	74.3580	117.391

n \ r	11%	12%	13%	14%	15%	16%	20%	24%	25%	30%
1	1.1100	1.1200	1.1300	1.1400	1.1500	1.1600	1.2000	1.2400	1.2500	1.3000
2	1.2321	1.2544	1.2769	1.2996	1.3225	1.3456	1.4400	1.5376	1.5625	1.6900
3	1.3676	1.4049	1.4429	1.4815	1.5209	1.5609	1.7280	1.9066	1.9531	2.1970
4	1.5181	1.5735	1.6305	1.6890	1.7490	1.8106	2.0736	2.3642	2.4414	2.8561
5	1.6851	1.7623	1.8424	1.9254	2.0114	2.1003	2.4883	2.9316	3.0518	3.7129
6	1.8704	1.9738	2.0820	2.1950	2.3131	2.4364	2.9860	3.6352	3.8147	4.8268
7	2.0762	2.2107	2.3526	2.5023	2.6600	2.8262	3.5832	4.5077	4.7684	6.2749
8	2.3045	2.4760	2.6584	2.8526	3.0590	3.2784	4.2998	5.5895	5.9605	8.1573
9	2.5580	2.7731	3.0040	3.2519	3.5179	3.8030	5.1598	6.9310	7.4506	10.6040
10	2.8394	3.1058	3.3946	3.7072	4.0456	4.4114	6.1917	8.5944	9.3132	13.7860
11	3.1518	3.4785	3.8359	4.2262	4.6524	5.1173	7.4301	10.6570	11.6420	17.9220

n \ r	11%	12%	13%	14%	15%	16%	20%	24%	25%	30%
12	3.4985	3.8960	4.3345	4.8179	5.3503	5.9360	8.9161	13.2150	14.5520	23.2980
13	3.8833	4.3635	4.8980	5.4924	6.1528	6.8858	10.6990	16.3860	18.1900	30.2880
14	4.3104	4.8871	5.5348	6.2613	7.0757	7.9875	12.8390	20.3190	22.7370	39.3740
15	4.7846	5.4736	6.2543	7.1379	8.1371	9.2655	15.4070	25.1960	28.4220	51.1860
16	5.3109	6.1304	7.0673	8.1372	9.3576	10.7480	18.4880	31.2430	35.5270	66.5420
17	5.8951	6.8660	7.9861	9.2765	10.7610	12.4680	22.1860	38.7410	44.4090	86.5040
18	6.5436	7.6900	9.0243	10.5750	12.3750	14.4630	26.6230	48.0390	55.5110	112.455
19	7.2633	8.6128	10.1970	12.0560	14.2320	16.7770	31.9480	59.5680	69.3890	146.192
20	8.0623	9.6463	11.5230	13.7430	16.3670	19.4610	38.3380	73.8640	86.7360	190.050
21	8.9492	10.8040	13.0210	15.6680	18.8220	22.5740	46.0050	91.5920	108.420	247.065
22	9.9336	12.1000	14.7140	17.8610	21.6450	26.1860	55.2060	113.574	135.525	321.184
23	11.0260	13.5520	16.6270	20.3620	24.8910	30.3760	66.2470	140.831	169.407	417.539
24	12.2390	15.1790	18.7880	23.2120	28.6250	35.2360	79.4970	174.631	211.758	542.801
25	13.5850	17.0000	21.2310	26.4620	32.9190	40.8740	95.3960	216.542	264.698	705.641
30	22.8920	29.9600	30.1160	50.9500	66.2120	85.8500	237.376	634.820	807.794	*
35	38.5750	52.8000	72.0690	98.1000	133.176	180.314	590.668	*	*	*
36	42.8180	59.1360	81.4370	111.834	153.152	209.164	708.802	*	*	*
40	65.0010	93.0510	132.782	188.884	267.864	378.721	*	*	*	*
50	184.565	289.002	450.736	700.233	*	*	*	*	*	*

<부표2> 현재가치이자요소표 [$PVIF_{(r, n)} = \dfrac{1}{(1+r)^n}$]

n \ r	1%	2%	3%	4%	5%	6%	7%	8%	9%	10%
1	0.9901	0.9804	0.9709	0.9615	0.9524	0.9434	0.9346	0.9259	0.9174	0.9091
2	0.9803	0.9612	0.9426	0.9246	0.9070	0.8900	0.8734	0.8573	0.8417	0.8264
3	0.9706	0.9423	0.9151	0.8890	0.8638	0.8396	0.8163	0.7938	0.7722	0.7513
4	0.9610	0.9238	0.8885	0.8548	0.8227	0.7921	0.7629	0.7350	0.7084	0.6830
5	0.9515	0.9057	0.8626	0.8219	0.7835	0.7473	0.7130	0.6806	0.6499	0.6209
6	0.9420	0.8880	0.8375	0.7903	0.7462	0.7050	0.6663	0.6302	0.5963	0.5645
7	0.9327	0.8706	0.8131	0.7599	0.7107	0.6651	0.6227	0.5835	0.5470	0.5132
8	0.9235	0.8535	0.7894	0.7307	0.6768	0.6274	0.5820	0.5403	0.5019	0.4665
9	0.9143	0.8368	0.7664	0.7026	0.6446	0.5919	0.5439	0.5002	0.4604	0.4241
10	0.9053	0.8203	0.7441	0.6756	0.6139	0.5584	0.5083	0.4632	0.4224	0.3855
11	0.8963	0.8043	0.7224	0.6496	0.5847	0.5268	0.4751	0.4289	0.3875	0.3505
12	0.8874	0.7885	0.7014	0.6246	0.5568	0.4970	0.4440	0.3971	0.3555	0.3186
13	0.8787	0.7730	0.6810	0.6006	0.5303	0.4688	0.4150	0.3677	0.3262	0.2897
14	0.8700	0.7579	0.6611	0.5775	0.5051	0.4423	0.3878	0.3405	0.2992	0.2633
15	0.8613	0.7430	0.6419	0.5553	0.4810	0.4173	0.3624	0.3152	0.2745	0.2394
16	0.8528	0.7284	0.6232	0.5339	0.4581	0.3936	0.3387	0.2919	0.2519	0.2176
17	0.8444	0.7142	0.6050	0.5134	0.4363	0.3714	0.3166	0.2703	0.2311	0.1978
18	0.8360	0.7002	0.5874	0.4936	0.4155	0.3503	0.2959	0.2502	0.2120	0.1799
19	0.8277	0.6864	0.5703	0.4746	0.3957	0.3305	0.2765	0.2317	0.1945	0.1635
20	0.8195	0.6730	0.5537	0.4564	0.3769	0.3118	0.2584	0.2145	0.1784	0.1486
21	0.8114	0.6598	0.5375	0.4388	0.3589	0.2942	0.2415	0.1987	0.1637	0.1351
22	0.8034	0.6468	0.5219	0.4220	0.3418	0.2775	0.2257	0.1839	0.1502	0.1228
23	0.7954	0.6342	0.5067	0.4057	0.3256	0.2618	0.2109	0.1703	0.1378	0.1117
24	0.7876	0.6217	0.4919	0.3901	0.3101	0.2470	0.1971	0.1577	0.1264	0.1015
25	0.7798	0.6095	0.4776	0.3751	0.2953	0.2330	0.1842	0.1460	0.1160	0.0923

n \ r	1%	2%	3%	4%	5%	6%	7%	8%	9%	10%
30	0.7419	0.5521	0.4120	0.3083	0.2314	0.1741	0.1314	0.0994	0.0754	0.0573
35	0.7059	0.5000	0.3554	0.2534	0.1813	0.1301	0.0937	0.0676	0.0490	0.0356
36	0.6989	0.4902	0.3450	0.2437	0.1727	0.1227	0.0875	0.0626	0.0449	0.0323
40	0.6717	0.4529	0.3066	0.2083	0.1420	0.0972	0.0668	0.0460	0.0318	0.0221
50	0.6080	0.3715	0.2281	0.1407	0.0872	0.0543	0.0339	0.0213	0.0134	0.0085

n \ r	11%	12%	13%	14%	15%	16%	20%	24%	25%	30%
1	0.9009	0.8929	0.8850	0.8772	0.8696	0.8621	0.8333	0.8065	0.8000	0.7692
2	0.8116	0.7972	0.7831	0.7695	0.7561	0.7432	0.6944	0.6504	0.6400	0.5917
3	0.7312	0.7118	0.6931	0.6750	0.6575	0.6407	0.5787	0.5245	0.5120	0.4552
4	0.6587	0.6355	0.6133	0.5921	0.5718	0.5523	0.4823	0.4230	0.4096	0.3501
5	0.5935	0.5674	0.5428	0.5194	0.4972	0.4761	0.4019	0.3411	0.3277	0.2693
6	0.5346	0.5066	0.4803	0.4556	0.4323	0.4104	0.3349	0.2751	0.2621	0.2072
7	0.4817	0.4523	0.4251	0.3996	0.3759	0.3538	0.2791	0.2218	0.2097	0.1594
8	0.4339	0.4039	0.3762	0.3506	0.3269	0.3050	0.2326	0.1789	0.1678	0.1226
9	0.3909	0.3606	0.3329	0.3075	0.2843	0.2630	0.1938	0.1443	0.1342	0.0943
10	0.3522	0.3220	0.2946	0.2697	0.2472	0.2267	0.1615	0.1164	0.1074	0.0725
11	0.3173	0.2875	0.2607	0.2366	0.2149	0.1954	0.1346	0.0938	0.0859	0.0558
12	0.2858	0.2567	0.2307	0.2076	0.1869	0.1685	0.1122	0.0757	0.0687	0.0429
13	0.2575	0.2292	0.2042	0.1821	0.1625	0.1452	0.0935	0.0610	0.0550	0.0330
14	0.2320	0.2046	0.1807	0.1597	0.1413	0.1252	0.0779	0.0492	0.0440	0.0254
15	0.2090	0.1827	0.1599	0.1401	0.1229	0.1079	0.0649	0.0397	0.0352	0.0195
16	0.1883	0.1631	0.1415	0.1229	0.1069	0.0930	0.0541	0.0320	0.0281	0.0150
17	0.1696	0.1456	0.1252	0.1078	0.0929	0.0802	0.0451	0.0258	0.0225	0.0116
18	0.1528	0.1300	0.1108	0.0946	0.0808	0.0691	0.0376	0.0208	0.0180	0.0089
19	0.1377	0.1161	0.0981	0.0829	0.0703	0.0596	0.0313	0.0168	0.0144	0.0068
20	0.1240	0.1037	0.0868	0.0728	0.0611	0.0514	0.0261	0.0135	0.0115	0.0053

n \ r	11%	12%	13%	14%	15%	16%	20%	24%	25%	30%
21	0.1117	0.0926	0.0768	0.0638	0.0531	0.0443	0.0217	0.0109	0.0092	0.0040
22	0.1007	0.0826	0.0680	0.0560	0.0462	0.0382	0.0181	0.0088	0.0074	0.0031
23	0.0907	0.0738	0.0601	0.0491	0.0402	0.0329	0.0151	0.0071	0.0059	0.0024
24	0.0817	0.0659	0.0532	0.0431	0.0349	0.0284	0.0126	0.0057	0.0047	0.0018
25	0.0736	0.0588	0.0471	0.0378	0.0304	0.0245	0.0105	0.0046	0.0038	0.0014
30	0.0437	0.0334	0.0256	0.0196	0.0151	0.0116	0.0042	0.0016	0.0012	*
35	0.0259	0.0189	0.0139	0.0102	0.0075	0.0055	0.0017	0.0005	*	*
36	0.0234	0.0169	0.0123	0.0089	0.0065	0.0048	0.0014	*	*	*
40	0.0154	0.0107	0.0075	0.0053	0.0037	0.0026	0.0007	*	*	*
50	0.0054	0.0035	0.0022	0.0014	0.0009	0.0006	*	*	*	*

<부표3> 연금의 미래가치이자요소표 $\left[FVIFA_{(r,\ n)} = \dfrac{(1+r)^n - 1}{r} \right]$

n \ r	1%	2%	3%	4%	5%	6%	7%	8%	9%	10%
1	1.0000	1.0000	1.0000	1.0000	1.0000	1.0000	1.0000	1.0000	1.0000	1.0000
2	2.0100	2.0200	2.0300	2.0400	2.0500	2.0600	2.0700	2.0800	2.0900	2.1000
3	3.0301	3.0604	3.0909	3.1216	3.1525	3.1836	3.2149	3.2464	3.2781	3.3100
4	4.0604	4.1216	4.1836	4.2465	4.3101	4.3746	4.4399	4.5061	4.5731	4.6410
5	5.1010	5.2040	5.3091	5.4163	5.5256	5.6371	5.7507	5.8666	5.9847	6.1051
6	6.1520	6.3081	6.4684	6.6330	6.8019	6.9753	7.1533	7.3359	7.5233	7.7156
7	7.2135	7.4343	7.6625	7.8983	8.1420	8.3938	8.6540	8.9228	9.2004	9.4872
8	8.2857	8.5830	8.8923	9.2142	9.5491	9.8975	10.2598	10.6366	11.0285	11.4359
9	9.3685	9.7546	10.1591	10.5828	11.0266	11.4913	11.9780	12.4876	13.0210	13.5795
10	10.4622	10.9497	11.4639	12.0061	12.5779	13.1808	13.8164	14.4866	15.1929	15.9374
11	11.5668	12.1687	12.8078	13.4864	14.2068	14.9716	15.7836	16.6455	17.5603	18.5312
12	12.6825	13.4121	14.1920	15.0258	15.9171	16.8699	17.8885	18.9771	20.1407	21.3843
13	13.8093	14.6803	15.6178	16.6268	17.7130	18.8821	20.1406	21.4953	22.9534	24.5227

n \ r	1%	2%	3%	4%	5%	6%	7%	8%	9%	10%
14	14.9474	15.9739	17.0863	18.2919	19.5986	21.0151	22.5505	24.2149	26.0192	27.9750
15	16.0969	17.2934	18.5989	20.0236	21.5786	23.2760	25.1290	27.1521	29.3609	31.7725
16	17.2579	18.6393	20.1569	21.8245	23.6575	25.6725	27.8881	30.3243	33.0034	35.9497
17	18.4304	20.0121	21.7616	23.6975	25.8404	28.2129	30.8402	33.7502	36.9737	40.5447
18	19.6147	21.4123	23.4144	25.6454	28.1324	30.9057	33.9990	37.4502	41.3013	45.5992
19	20.8109	22.8406	25.1169	27.6712	30.5390	33.7600	37.3790	41.4463	46.0185	51.1591
20	22.0190	24.2974	26.8704	29.7781	33.0660	36.7856	40.9955	45.7620	51.1601	57.2750
21	23.2392	25.7833	28.6765	31.9692	35.7193	39.9927	44.8652	50.4229	56.7645	64.0025
22	24.4716	27.2990	30.5368	34.2480	38.5052	43.3923	49.0057	55.4568	62.8733	71.4027
23	25.7163	28.8450	32.4529	36.6179	41.4305	46.9958	53.4361	60.8933	69.5319	79.5430
24	26.9735	30.4219	34.4265	39.0826	44.5020	50.8156	58.1767	66.7648	76.7898	88.4973
25	28.2432	32.0303	36.4593	41.6459	47.7271	54.8645	63.2490	73.1059	84.7009	98.3471
30	34.7849	40.5681	47.5754	56.0849	66.4388	79.0582	94.4608	113.283	136.308	164.494
35	41.6603	49.9945	60.4621	73.6522	90.3203	111.435	138.237	172.317	215.711	271.024
36	43.0769	51.9944	63.2759	77.5983	95.8363	119.121	148.914	187.102	236.125	299.127
40	48.8864	60.4020	75.4013	95.0255	120.800	154.762	199.635	259.057	337.882	442.593
50	64.4632	84.5794	112.797	152.667	209.348	290.336	406.529	573.770	815.084	*

n \ r	11%	12%	13%	14%	15%	16%	20%	24%	25%	30%
1	1.0000	1.0000	1.0000	1.0000	1.0000	1.0000	1.0000	1.0000	1.0000	1.0000
2	2.1100	2.1200	2.1300	2.1400	2.1500	2.1600	2.2000	2.2400	2.2500	2.3000
3	3.3421	3.3744	3.4069	3.4396	3.4725	3.5056	3.6400	3.7776	3.8125	3.9900
4	4.7097	4.7793	4.8498	4.9211	4.9934	5.0665	5.3680	5.6842	5.7656	6.1870
5	6.2278	6.3528	6.4803	6.6101	6.7424	6.8771	7.4416	8.0484	8.2070	9.0431
6	7.9129	8.1152	8.3227	8.5355	8.7537	8.9775	9.9290	10.9801	11.2588	12.7560
7	9.7833	10.0890	10.4047	10.7305	11.0668	11.4139	12.9159	14.6153	15.0735	17.5828
8	11.8594	12.2997	12.7573	13.2328	13.7268	14.2401	16.4991	19.1229	19.8419	23.8577

n \ r	11%	12%	13%	14%	15%	16%	20%	24%	25%	30%
9	14.1640	14.7757	15.4157	16.0853	16.7858	17.5185	20.7989	24.7125	25.8023	32.0150
10	16.7220	17.5487	18.4197	19.3373	20.3037	21.3215	25.9587	31.6434	33.2529	42.6195
11	19.5614	20.6546	21.8143	23.0445	24.3493	25.7329	32.1504	40.2379	42.5661	56.4053
12	22.7132	24.1331	25.6502	27.2707	29.0017	30.8502	39.5805	50.8950	54.2077	74.3270
13	26.2116	28.0291	29.9847	32.0887	34.3519	36.7862	48.4966	64.1097	68.7596	97.6250
14	30.0949	32.3926	34.8827	37.5811	40.5047	43.6720	59.1959	80.4961	86.9495	127.913
15	34.4054	37.2797	40.4175	43.8424	47.5804	51.6595	72.0351	100.815	109.687	167.286
16	30.1899	42.7533	46.6717	50.9804	55.7175	60.9250	87.4421	126.011	138.109	218.472
17	44.5008	48.8837	53.7391	59.1176	65.0751	71.6730	105.931	157.253	173.636	285.014
18	50.3959	55.7497	61.7251	68.3941	75.8364	84.1407	128.117	195.994	218.045	371.518
19	56.9395	63.4397	70.7494	78.9692	88.2118	98.6032	154.740	244.033	273.556	483.973
20	64.2028	72.0524	80.9468	91.0249	102.444	115.380	186.688	303.601	342.945	630.166
21	72.2651	81.6987	92.4699	104.768	118.810	134.841	225.026	377.465	429.681	820.215
22	81.2143	92.5026	105.491	120.436	137.632	157.415	271.031	469.056	538.101	*
23	91.1479	104.603	120.205	138.297	159.276	183.601	326.237	582.630	673.626	*
24	102.174	118.155	136.832	158.659	184.168	213.978	392.484	723.461	843.033	*
25	114.413	133.334	155.620	181.871	212.793	249.214	471.981	898.092	*	*
30	199.021	241.333	293.199	356.787	434.745	530.312	*	*	*	*
35	341.590	431.664	546.681	693.573	881.170	*	*	*	*	*
36	380.164	484.463	618.749	791.673	*	*	*	*	*	*
40	581.826	767.091	*	*	*	*	*	*	*	*
50	*	*	*	*	*	*	*	*	*	*

<부표4> 연금의 현재가치이자요소표 [$PVIFA_{(r, n)} = \dfrac{1-(1+r)^{-n}}{r}$]

n＼r	1%	2%	3%	4%	5%	6%	7%	8%	9%	10%
1	0.9901	0.9804	0.9709	0.9615	0.9524	0.9434	0.9346	0.9259	0.9174	0.9091
2	1.9704	1.9416	1.9135	1.8861	1.8594	1.8334	1.8080	1.7833	1.7591	1.7355
3	2.9410	2.8839	2.8286	2.7751	2.7232	2.6730	2.6243	2.5771	2.5313	2.4869
4	3.9020	3.8077	3.7171	3.6299	3.5460	3.4651	3.3872	3.3121	3.2397	3.1699
5	4.8534	4.7135	4.5797	4.4518	4.3295	4.2124	4.1002	3.9927	3.8897	3.7908
6	5.7955	5.6014	5.4172	5.2421	5.0757	4.9173	4.7665	4.6229	4.4859	4.3553
7	6.7282	6.4720	6.2303	6.0021	5.7864	5.5824	5.3893	5.2064	5.0330	4.8684
8	7.6517	7.3255	7.0197	6.7327	6.4632	6.2098	5.9713	5.7466	5.5348	5.3349
9	8.5660	8.1622	7.7861	7.4353	7.1078	6.8017	6.5152	6.2469	5.9952	5.7590
10	9.4713	8.9826	8.5302	8.1109	7.7217	7.3601	7.0236	6.7101	6.4177	6.1446
11	10.3680	9.7868	9.2526	8.7605	8.3064	7.8869	7.4987	7.1390	6.8052	6.4951
12	11.2550	10.5750	9.9540	9.3851	8.8633	8.3838	7.9427	7.5361	7.1607	6.8137
13	12.1340	11.3480	10.6350	9.9856	9.3936	8.8527	8.3577	7.9038	7.4869	7.1034
14	13.0040	12.1060	11.2960	10.5630	9.8986	9.2950	8.7455	8.2442	7.7862	7.3667
15	13.8650	12.8490	11.9380	11.1180	10.3800	9.7122	9.1079	8.5595	8.0607	7.6061
16	14.7180	13.5780	12.5610	11.6520	10.8380	10.1060	9.4466	8.8514	8.3126	7.8237
17	15.5620	14.2920	13.1660	12.1660	11.2740	10.4770	9.7632	9.1216	8.5436	8.0216
18	16.3980	14.9920	13.7540	12.6590	11.6900	10.8280	10.0590	9.3719	8.7556	8.2014
19	17.2260	15.6780	14.3240	13.1340	12.0850	11.1580	10.3360	9.6036	8.9501	8.3649
20	18.0460	16.3510	14.8770	13.5900	12.4620	11.4700	10.5940	9.8181	9.1285	8.5136
21	18.8570	17.0110	15.4150	14.0290	12.8210	11.7640	10.8360	10.0170	9.2922	8.6487
22	19.6600	17.6580	15.9370	14.4510	13.1630	12.0420	11.0610	10.2010	9.4424	8.7715
23	20.4560	18.2920	16.4440	14.8570	13.4890	12.3030	11.2720	10.3710	9.5802	8.8832
24	21.2430	18.9140	16.9360	15.2470	13.7990	12.5500	11.4690	10.5290	9.7066	8.9847
25	22.0230	19.5230	17.4130	15.6220	14.0940	12.7830	11.6540	10.6750	9.8226	9.0770

n \ r	1%	2%	3%	4%	5%	6%	7%	8%	9%	10%
30	25.8080	22.3960	19.6000	17.2920	15.3720	13.7650	12.4090	11.2580	10.2740	9.4269
35	29.4090	24.9990	21.4870	18.6650	16.3740	14.4980	12.9480	11.6550	10.5670	9.6442
36	30.1080	25.4890	21.8320	18.9080	16.5470	14.6210	13.0350	11.7170	10.6120	9.6765
40	32.8350	27.3550	23.1150	19.7930	17.1590	15.0460	13.3320	11.9250	10.7570	9.7791
50	39.1960	31.4240	25.7300	21.4820	18.2560	15.7620	13.8010	12.2330	10.9620	9.9148

n \ r	11%	12%	13%	14%	15%	16%	20%	24%	25%	30%
1	0.9009	0.8929	0.8850	0.8772	0.8696	0.8621	0.8333	0.8065	0.8000	0.7692
2	1.7125	1.6901	1.6681	1.6467	1.6257	1.6052	1.5278	1.4568	1.4400	1.3609
3	2.4437	2.4018	2.3612	2.3216	2.2832	2.2459	2.1065	1.9813	1.9520	1.8161
4	3.1024	3.0373	2.9745	2.9137	2.8550	2.7982	2.5887	2.4043	2.3616	2.1662
5	3.6959	3.6048	3.5172	3.4331	3.3522	3.2743	2.9906	2.7454	2.6893	2.4356
6	4.2305	4.1114	3.9975	3.8887	3.7845	3.6847	3.3255	3.0205	2.9514	2.6427
7	4.7122	4.5638	4.4226	4.2883	4.1604	4.0386	3.6046	3.2423	3.1611	2.8021
8	5.1461	4.9676	4.7988	4.6389	4.4873	4.3436	3.8372	3.4212	3.3289	2.9247
9	5.5370	5.3282	5.1317	4.9464	4.7716	4.6065	4.0310	3.5655	3.4631	3.0190
10	5.8892	5.6502	5.4262	5.2161	5.0188	4.8332	4.1925	3.6819	3.5705	3.0915
11	6.2065	5.9377	5.6869	5.4527	5.2337	5.0286	4.3271	3.7757	3.6564	3.1473
12	6.4924	6.1944	5.9176	5.6603	5.4206	5.1971	4.4392	3.8514	3.7251	3.1903
13	6.7499	6.4235	6.1218	5.8424	5.5831	5.3423	4.5327	3.9124	3.7801	3.2233
14	6.9819	6.6282	6.3025	6.0021	5.7245	5.4675	4.6106	3.9616	3.8241	3.2487
15	7.1909	6.8109	6.4624	6.1422	5.8474	5.5755	4.6755	4.0013	3.8593	3.2682
16	7.3792	6.9740	6.6039	6.2651	5.9542	5.6685	4.7296	4.0333	3.8874	3.2832
17	7.5488	7.1196	6.7291	6.3729	6.0472	5.7487	4.7746	4.0591	3.9099	3.2948
18	7.7016	7.2497	6.8399	6.4674	6.1280	5.8178	4.8122	4.0799	3.9279	3.3037
19	7.8393	7.3658	6.9380	6.5504	6.1982	5.8775	4.8435	4.0967	3.9424	3.3105
20	7.9633	7.4694	7.0248	6.6231	6.2593	5.9288	4.8696	4.1103	3.9539	3.3158

n \ r	11%	12%	13%	14%	15%	16%	20%	24%	25%	30%
21	8.0751	7.5620	7.1016	6.6870	6.3125	5.9731	4.8913	4.1212	3.9631	3.3198
22	8.1757	7.6446	7.1695	6.7429	6.3587	6.0113	4.9094	4.1300	3.9705	3.3230
23	8.2664	7.7184	7.2297	6.7921	6.3988	6.0442	4.9245	4.1371	3.9764	3.3254
24	8.3481	7.7843	7.2829	6.8351	6.4338	6.0726	4.9371	4.1428	3.9811	3.3272
25	8.4217	7.8431	7.3300	6.8729	6.4641	6.0971	4.9476	4.1474	3.9849	3.3286
30	8.6938	8.0552	7.4957	7.0027	6.5660	6.1772	4.9789	4.1601	3.9950	3.3321
35	8.8552	8.1755	7.5856	7.0700	6.6166	6.2153	4.9915	4.1644	3.9984	3.3330
36	8.8786	8.1924	7.5979	7.0790	6.6231	6.2201	4.9929	4.1649	3.9987	3.3331
40	8.9511	8.2438	7.6344	7.1050	6.6418	6.2335	4.9966	4.1659	3.9995	3.3332
50	9.0417	8.3045	7.6752	7.1327	6.6605	6.2463	4.9995	4.1666	3.9999	3.3333

Chapter 11

시간가치_연금현금흐름

학습목차	학습목표
1. 연금의 미래가치와 현재가치 2. 영구연금의 현재가치 3. 불규칙한 현금흐름의 현재 　가치 계산 4. 수익률 개념	1. 연금의 미래가치와 현재가치에 대해 이해하고 설명할 수 　있다. 2. 영구연금의 현재가치에 대해 이해하고 설명할 수 있다. 3. 불규칙한 현금흐름의 현재가치 계산에 대해 이해하고 설명 　할 수 있다. 4. 수익률 개념에 대해 이해하고 설명할 수 있다.

① 연금의 개념

연금이란 일정기간 동안 일정금액을 계속 지불 또는 수령하는 것을 말하며, 이 개념은 일상생활에서 적금, 연금, 보험계약, 차입금 상환 등에 활용된다. 특별한 언급이 없는 경우 연금이 기말에 발생되는 것으로 가정한다.

② 연금의 미래가치

(1) 개념

연금의 미래가치는 일정한 기간 동안 일정한 금액의 현금흐름이 발생할 때, 해당 연금현금흐름의 미래가치 산술값을 의미한다. 예를 들어 3년 동안 매년 말 100만 원씩을 10%의 이자율로 예금한다면, 3년 말에 이 적금의 가치는 얼마인가? 에 대한 물음을 의미한다.

(2) 예시

- $FVA_3 = A + A(1+r) + A(1+r)^2$
- $FVA_n = A + A(1+r) + A(1+r)^2 + \cdots\cdots + A(1+r)^{n-1}$

- $FVA_n = A \left[\{(1+r)^n - 1\}/ r \right] = A \times FVIFA(r\%, n)$

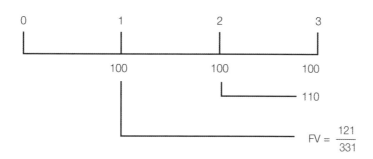

③ 연금의 현재가치

(1) 개념

연금의 현재가치는 일정한 기간 동안 일정한 금액의 현금흐름이 발생할 때, 해당 연금현금흐름의 현재가치 산술값을 의미한다. 예를 들어 3년 동안 매년 말 100만 원을 받는 연금을 일시불로 지금 당장 받게 된다면 그 금액은 얼마인가? 에 대한 물음을 의미한다.

(2) 예시

- $PVA = A \left[\{1 - (1+r)^{-n}\} / r \right] = 248.6852$
- $PVA = A \ PVIFA(10\%, 3) = 100 \times 2.4869 = 248.69$

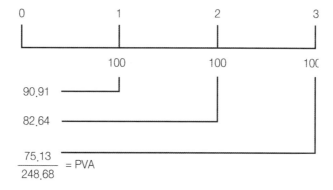

④ 영구연금의 현재가치

(1) 개념

1) 영구연금

일정금액의 현금흐름이 영구히 계속되는 경우를 말한다. 영구연금흐름의 계산은 다음과 같다.

- 영구연금 $= A / r = 120 / 0.06 = 2,000$

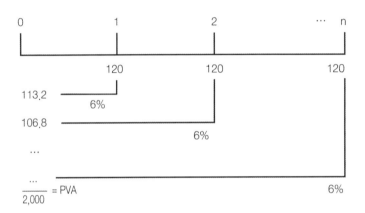

2) 성장성 영구연금

매기의 현금흐름이 일정한 성장률로 증가하는 영구연금을 성장성 영구연금이라고 한다. 성장성 영구연금흐름은 다음과 같다.

- 성장성 영구연금 $= A / (r-g)$

3) 연금의 발생기간

① 후불연금

현재 기말부터 일정금액의 현금흐름이 영구히 계속되는 경우를 말하며, 일반적인 영구연금의 현금흐름이다.

② 선불연금

현재 시점부터 일정금액의 현금흐름이 영구히 계속되는 경우를 말한다.

⑤ 불규칙한 현금흐름의 현재가치 계산

일정한 금액이 아닌 현금흐름이 주어지는 현재가치 계산방식을 말하며, 이러한 경우 각 시점의 현금흐름의 현재가치를 개별적으로 구한 후 합산하여 현재가치를 구하여야 한다.

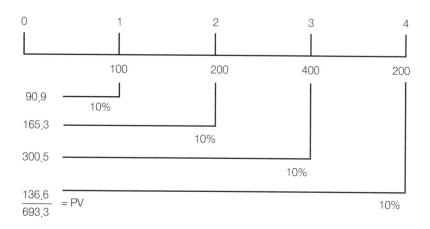

⑥ 수익률 개념

(1) 산술평균수익률

매 기간별 수익률이 상호 독립적임을 가정하고 계산된 평균수익률을 말한다.

(2) 기하평균수익률

투자기간 동안 실제 투자성과에 부응하는 수익률을 가져오는 일정한 연간수익률을 말한다.

(3) 내부수익률(IRR)

내부수익률로 재투자된다는 가정 하에 구한 수익률을 말한다.

(4) 사례

A주식의 시점별 주가와 배당액은 다음과 같다.

시점	0	1	2
주가	10,000	12,000	13,000
배당		3,000	200

[질문]

1) 2년간 주식투자의 산술평균수익률을 구하라.

    ① $R_1 = (12,000 + 3,000)/10,000 - 1 = 50\%$

    ② $R_2 = (13,000 + 200)/12,000 - 1 = 10\%$

2) 2년간 주식투자의 기하평균수익률을 구하라.

    $(1 + 기하평균수익률)^2 = (1 + 50\%)(1 + 10\%) \rightarrow$ 기하평균수익률 $= 28.45\%$

최초 10,000원을 투자하여 1기 후 5,000원의 수익이 발생하였고, 투자원금과 수익을 합친 15,000원을 다시 투자하여 10%의 수익을 얻어 2년말 투자자의 부는 16,500원이 된다. 이는 최초 10,000원이 2년 후 16,500원이 된 것으로 연평균 28.45%의 수익을 얻은 것으로 볼 수 있음.

3) 2년간 주식투자의 내부수익률을 구하라.

    $10,000 = 3,000/(1 + IRR) + (13,000 + 200)/(1 + IRR)^2 \rightarrow$ 내부수익률 $= 30.87\%$

최초 10,000원을 투자로 연평균 30.87%의 수익을 얻음과 동시에 1기말 3,000원의 현금유입액으로 1기간 동안 30.87%의 재투자수익을 얻음을 가정하고 있음.

연금의 미래가치

1. 매년 10,000원씩 불입하는 적금에 가입하였다. 3년 후 불입금 전액과 이자 10%에 해당하는
   금액을 받을 수 있다면, 이 때 받는 금액은 얼마인가?
   (미래가치를 수학적 접근법과 시간가치계수표를 이용하여 각각 산정하시오.)

   [정답] ① 수학적 접근
   $$FV_3 = 10,000 \times (1 + 0.1)^2 + 10,000 \times (1 + 0.1)^1 + 10,000 = 33,100$$

   ② 시간가치계수표 접근
   $$FV_3 = 10,000 \times FVIFA(10\%, 3) = 10,000 \times 3.3100 = 33,100$$

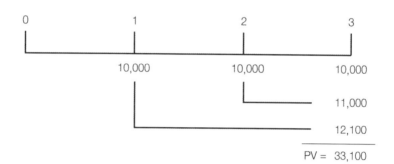

<부표3> 연금의 미래가치이자요소표 [$FVIFA_{(r, n)} = \dfrac{(1+r)^n - 1}{r}$]

n \ r	1%	2%	3%	4%	5%	6%	7%	8%	9%	10%
1	1.0000	1.0000	1.0000	1.0000	1.0000	1.0000	1.0000	1.0000	1.0000	1.0000
2	2.0100	2.0200	2.0300	2.0400	2.0500	2.0600	2.0700	2.0800	2.0900	2.1000
3	3.0301	3.0604	3.0909	3.1216	3.1525	3.1836	3.2149	3.2464	3.2781	3.3100
4	4.0604	4.1216	4.1836	4.2465	4.3101	4.3746	4.4399	4.5061	4.5731	4.6410
5	5.1010	5.2040	5.3091	5.4163	5.5256	5.6371	5.7507	5.8666	5.9847	6.1051

연금의 현재가치

1. 연 이자율 10%이고 1년에 1회 이자계산을 하며, 매년 말 14,000원씩 4년 동안 수령하는 연금을 현재 일시불로 받으면 얼마를 받을 수 있는가?
   (현재가치를 수학적 접근법과 시간가치계수표를 이용하여 각각 산정하시오.)

[정답] ① 수학적 접근

$$PV_4 = 14,000/(1+0.1)^4 + 14,000/(1+0.1)^3 + 14,000/(1+0.1)^2 + 14,000/(1+0.1)^1$$
$$= 44,379$$

② 시간가치계수표 접근

$$PV_4 = 14,000 \times PVIFA(10\%, 4) = 14,000 \times 3.1699 = 44,379$$

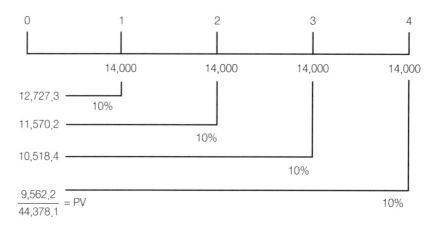

<부표4> 연금의 현재가치이자요소표 $[\ PVIFA_{(r,\ n)} = \dfrac{1-(1+r)^{-n}}{r}\ ]$

n \ r	1%	2%	3%	4%	5%	6%	7%	8%	9%	10%
1	0.9901	0.9804	0.9709	0.9615	0.9524	0.9434	0.9346	0.9259	0.9174	0.9091
2	1.9704	1.9416	1.9135	1.8861	1.8594	1.8334	1.8080	1.7833	1.7591	1.7355
3	2.9410	2.8839	2.8286	2.7751	2.7232	2.6730	2.6243	2.5771	2.5313	2.4869
4	3.9020	3.8077	3.7171	3.6299	3.5460	3.4651	3.3872	3.3121	3.2397	3.1699
5	4.8534	4.7135	4.5797	4.4518	4.3295	4.2124	4.1002	3.9927	3.8897	3.7908

Chapter **12**

개별자산의 수익률과 변동성

학습목차	학습목표
1. 수익률의 이해 2. 변동성의 이해	1. 수익률의 개념을 이해하고 설명할 수 있다. 2. 변동성의 개념을 이해하고 설명할 수 있다.

① 수익률의 이해

(1) 개별자산의 수익률

투자자가 1년 전에 주식을 매입하여 1년 후에 매도한다면 해당 투자자가 1년 동안 벌어들인 투자수익률은 다음과 같이 표현할 수 있다.

1) 수익률

$$R_1 = \frac{(P_1 - P_0) + D_1}{P_0}$$

• R_1 : 1년간 투자수익률
• P_0 : 주식매입가격
• P_1 : 주식매도가격
• D_1 : 주당배당금

2) 사례

- 2020년 1월 1일 100,000원에 A주식을 매입하였다. 2020년 12월 31일 A주식에 대한 배당금을 12,000원 취득하였으며, 2020년 12월 31일 기준 A주식의 종가는 110,000원이었다. A주식에 대한 수익률은 얼마인가?
  ① 총수익 : 배당소득+자본이득 = 12,000 + 10,000 = 22,000
  ② 수익률 : (배당소득+자본손익) / 투자금액 = 22,000 / 100,000 = 22%

(2) 수익률 종류

여러 기간 투자하는 경우의 연평균수익률은 내부수익률, 산술평균수익률, 기하평균수익률로 구분할 수 있다.

1) 내부수익률

어떤 투자안으로부터 기대되는 미래 현금흐름의 현가를 투자비용과 일치시키는 할인율이다.

2) 산술평균수익률

여러 기간의 수익률을 단순히 산술평균한 값으로 재투자를 고려하지 않은 수익률이다.

3) 기하평균수익률

투자수익이 발생할 때마다 해당 시점의 단일기간수익률로 반복적으로 재투자한다는 가정하에서 각 기간의 단일기간수익률을 기하평균한 값이며, 투자의 경제적 효과를 가장 잘 나타내는 연평균수익률이다.

(3) 개별자산의 기대수익률

재무의사결정에서 말하는 수익률은 미래에 얻을 것으로 기대되는 사전적 수익률이다. 미래의 발생가능한 상황과 각 상황이 발생할 확률, 그리고 각 상황이 발생하였을 때 주식의 수익률을 나타낸 것을 주가수익률의 확률분포라고 한다.

1) 개별증권의 기대수익률은 주가수익률 확률분포의 평균치로서 다음과 같이 계산된다.

$$E(R_i) = \sum_{s=1}^{n} R_{is} \cdot P_s$$

- $E(R_i)$: 주식i의 기대수익률
- R_{is} : s상황에서의 주식i의 기대수익률
- P_s : s상황이 발생할 확률
- n : 상황의 수

2) 사례

- 두 아들에게 각각 사업을 할 수 있도록 자금을 주어, 큰 아들은 짚신사업(S)을 하고 작은 아들은 우산사업(U)을 하고 있다. 금년 여름 기상청의 예보에 따른 각 사업의 수익률이 다음과 같이 예상되고 있다. 짚신사업과 우산사업의 기대수익률은 각각 얼마인가?

구분	수익률		확률
	짚신사업 (s)	우산사업 (u)	
맑음	30	0	0.25
흐림	10	5	0.5
비	−10	10	0.25

① $E(R_s) = (0.3)(0.25) + (0.1)(0.5) + (-0.1)(0.25) = 0.1$

② $E(R_u) = (0.0)(0.25) + (0.05)(0.5) + (0.1)(0.25) = 0.05$

② 변동성의 이해

(1) 개별자산의 위험

1) 위험의 개념

일반적으로 미래에 대한 의사결정 상황을 확실성, 불확실성, 위험 등 3가지로 구분된다. 현실은 위험하에서 의사결정을 하는 것이 대부분이다.

① **확실성**

- 미래에 어떠한 상황이 발생할 것인지 확실하게 아는 경우, 즉 예측확률이 100%인 경우를 의미한다.

② **불확실성**

- 미래에 어떠한 상황이 발생할 것인지 전혀 알 수 없는 경우, 즉 예측확률이 0%인 경우를 의미한다.

③ **위험**

- 미래에 어떠한 상황이 발생할 것인지 완벽하게 알지 못하지만 전혀 모르지도 않는 경우, 즉 예측확률이 0%와 100% 사이에 있는 경우를 의미한다.

2) 위험의 종류

① 신용위험

신용위험은 채무불이행 위험이라고도 한다. 즉, 자금을 조달한 자가 이자와 원금을 약속한 대로 지급하지 못할 가능성을 말한다.

② 유동성위험

유동성위험이란 보유하고 있는 금융자산 등에 대한 현금화하지 못할 가능성을 나타내다.

③ 시장위험

시장위험은 금리, 환율 등과 같은 시장변수가 불리하게 변동하여 자산의 가치가 예상치 못한 손실을 일으킬 수 있는 가능성을 의미한다.

④ 운영위험

운영위험은 사무위험이라고도 하며, 신용위험 또는 시장위험에 상대되는 개념이다.

3) 위험의 측정

재무관리 관점에서 위험을 미래수익의 변동가능성으로 측정한다. 그리고 특정 수치로 위험을 표현하기 위해 통계학 개념의 범위, 평균편차, 분산 또는 표준편차 등으로 위험을 측정한다.

① 재무관리에서는 개별증권의 위험을 주가수익률 확률분포의 분산 또는 표준편차로 측정함

$$Var(R_i) = \delta_i^2 = \sum_{s=1}^{n} [R_{is} - E(R_i)]^2 \cdot P_s$$

$$\delta_i = \sqrt{\sum_{s=1}^{n} [R_{is} - E(R_i)]^2 \cdot P_s}$$

- $Var(R_i)$: 주식i의 수익률의 분산
- δ_i : 주식i의 수익률의 표준편차

② **사례**

– 두 아들에게 각각 사업을 할 수 있도록 자금을 주어, 큰 아들은 짚신사업(S)을 하고 작은 아들은 우산사업(U)을 하고 있다. 금년 여름 기상청의 예보에 따른 각 사업의 수익률이 다음과 같이 예상되고 있다. 짚신사업과 우산사업의 표준편차는 각각 얼마인가?

구분	수익률		확률
	짚신사업 (s)	우산사업 (u)	
맑음	30	0	0.25
흐림	10	5	0.5
비	−10	10	0.25

㉠ $\delta_s = \sqrt{(30\% - 10\%)^2(0.25) + (10\% - 10\%)^2(0.5) + (-10\% - 10\%)^2(0.25)}$

$= 0.1414$

㉡ $\delta_u = \sqrt{(0\% - 5\%)^2(0.25) + (5\% - 5\%)^2(0.5) + (10\% - 5\%)^2(0.25)} = 0.0353$

(2) 위험프리미엄의 개념

위험프리미엄은 위험을 감수한 데 대한 보상으로서 투자자들이 요구하는 추가적 수익률을 의미한다. 다음은 5가지 포트폴리오의 평균수익률과 위험프리미엄에 대한 내용을 정리한 표이다.

단기국채를 위험이 거의 없는 자산으로 가정한다면, 해당 무위험자산을 기본수익률로 추가위험이 있는 자산에 대해서 투자자는 아래의 표와 같이 위험프리미엄을 요구하게 된다.

투자포트폴리오	평균수익률	위험프리미엄
소형주	17.7%	13.9% (=17.7%-3.8%)
대형주	12.7%	8.9% (=12.7%-3.8%)
장기회사채	6.0%	2.2% (=6.0%-3.8%)
장기국채	5.4%	1.6% (=5.4%-3.8%)
단기국채	3.8%	0.0% (=3.8%-3.8%)

Quiz

1. 산술평균수익률은 어떤 투자안으로부터 기대되는 미래 현금흐름의 현가를 투자비용과 일치시키는 할인율이다.

   [정답] ×
   [해설] 산술평균수익률 (×) → 내부수익률 (○)

2. 시장위험은 채무불이행 위험이라고도 한다. 즉, 자금을 조달한 자가 이자와 원금을 약속한 대로 지급하지 못할 가능성을 말한다.

   [정답] ×
   [해설] 시장위험 (×) → 신용위험 (○)

3. 다음 설명 중 가장 올바르지 않은 것은?
   ① 내부수익률은 어떤 투자안으로부터 기대되는 미래 현금흐름의 현가를 투자비용과 일치시키는 할인율이다.
   ② 산술평균수익률은 여러 기간의 수익률을 단순히 산술평균한 값으로 재투자를 고려하지 않은 수익률이다.
   ③ 기하평균수익률은 투자수익이 발생할 때마다 해당 시점의 단일기간수익률로 반복적으로 재투자한다는 가정하에서 각 기간의 단일기간수익률을 기하평균한 값이며, 투자의 경제적 효과를 가장 잘 나타내는 연평균수익률이다.
   ④ 기대수익률은 재무의사결정에서 말하는 수익률로 미래에 얻을 것으로 기대되는 사후적 수익률이다.

   [정답] ④
   [해설] 기대수익률은 사전적 수익률이다.

4. 두 아들에게 각각 사업을 할 수 있도록 자금을 주어, 큰 아들은 짚신사업(S)을 하고 작은 아들은 우산사업(U)을 하고 있다. 금년 여름 기상청의 예보에 따른 각 사업의 수익률이 다음과 같이 예상되고 있다. 짚신사업과 우산사업의 기대수익률은 각각 얼마인가?

구분	수익률		확률
	짚신사업 (s)	우산사업 (u)	
맑음	40	−10	0.25
흐림	20	10	0.5
비	−30	30	0.25

	짚신사업	우산사업
①	0.1	0.125
②	0.125	0.1
③	0.125	0
④	0	0.125

[정답] ②
[해설] $E(R_s) = (0.4)(0.25) + (0.2)(0.5) + (-0.3)(0.25) = 0.125$
$E(R_u) = (-0.1)(0.25) + (0.1)(0.5) + (0.3)(0.25) = 0.1$

5. 다음 중 위험의 종류에 대한 설명으로 가장 올바르지 않은 것은?

① 신용위험은 채무불이행 위험이라고도 한다. 즉, 자금을 조달한 자가 이자와 원금을 약속한 대로 지급하지 못할 가능성을 말한다.

② 유동성위험이란 보유하고 있는 금융자산 등에 대한 현금화 가능성을 나타낸다.

③ 시장위험은 금리, 환율 등과 같은 시장변수가 불리하게 변동하여 자산의 가치가 예상치 못한 손실을 일으킬 수 있는 가능성을 의미한다.

④ 재무위험은 사무위험이라고도 하며, 신용위험 또는 시장위험에 상대되는 개념이다.

[정답] ④
[해설] 재무위험 → 운영위험

1. 수익률의 이해

(1) 개별자산의 기대수익률

$$R_1 = \frac{(P_1 - P_0) + D_1}{P_0}$$

- R_1 : 1년간 투자수익률
- P_0 : 주식매입가격
- P_1 : 주식매도가격
- D_1 : 주당배당금

(2) 수익률 종류

여러 기간 투자하는 경우의 연평균수익률은 내부수익률, 산술평균수익률, 기하평균수익률로 구분됨

(3) 기대수익률

- 재무의사결정에서 말하는 수익률은 미래에 얻을 것으로 기대되는 사전적 수익률
- 미래의 발생가능한 상황과 각 상황이 발생할 확률, 그리고 각 상황이 발생하였을 때 주식의 수익률을 나타낸 것을 주가수익률의 확률분포라고 함

1) 개별증권의 기대수익률은 주가수익률 확률분포의 평균치로서 다음과 같이 계산됨

$$E(R_i) = \sum_{s=1}^{n} R_{is} \cdot P_s$$

- $E(R_i)$: 주식i의 기대수익률
- R_{is} : s상황에서의 주식i의 기대수익률
- P_s : s상황이 발생할 확률
- n : 상황의 수

2. 변동성의 이해

(1) 개별자산의 위험

1) 위험의 개념

일반적으로 미래에 대한 의사결정 상황을 확실성, 불확실성, 위험 등 3가지로 구분된다. 현실은 위험하에서 의사결정을 하는 것이 대부분임

① 확실성

미래에 어떠한 상황이 발생할 것인지 확실하게 아는 경우, 즉 예측확률이 100%인 경우를 의미함

② 불확실성

미래에 어떠한 상황이 발생할 것인지 전혀 알 수 없는 경우, 즉 예측확률이 0%인 경우를 의미함

③ 위험

미래에 어떠한 상황이 발생할 것인지 완벽하게 알지 못하지만 전혀 모르지도 않는 경우, 즉 예측확률이 0%와 100% 사이에 있는 경우를 의미함

2) 위험의 측정

- 재무관리에서 위험을 미래수익의 변동가능성으로 측정함
- 통계학에서 범위, 평균편차, 분산 또는 표준편차 등으로 측정함
  ① 재무관리에서는 개별증권의 위험을 주가수익률 확률분포의 분산 또는 표준편차로 측정함

$$Var(R_i) = \delta_i^2 = \sum_{s=1}^{n} [R_{is} - E(R_i)]^2 \cdot P_s$$

$$\delta_i = \sqrt{\sum_{s=1}^{n} [R_{is} - E(R_i)]^2 \cdot P_s}$$

- Var(R_i) : 주식i의 수익률의 분산
- δ_i : 주식i의 수익률의 표준편차

(2) 위험프리미엄의 개념

- 위험을 감수한 것에 대한 보상
- 투자자들이 요구하는 추가적 수익률

Chapter **13**

포트폴리오의 기대수익률과 위험

학습목차	학습목표
1. 포트폴리오의 기대수익률 2. 포트폴리오의 위험	1. 포트폴리오 기대수익률의 개념을 이해하고 계산할 수 있다. 2. 포트폴리오 위험의 개념을 이해하고 계산할 수 있다.

① 포트폴리오의 기대수익률

(1) 포트폴리오의 개념

1) 포트폴리오(portfolio)

포트폴리오란 2개 이상의 자산 집합을 의미하는 것으로 투자자들에 의해 보유되는 주식, 채권 등과 같은 자산들의 그룹을 의미한다. 이때 정기예금, 채권, 미술품, 부동산, 주식 등 전혀 다른 형태의 자산을 함께 투자하는 것 뿐만 아니라, 주식 내에서 다양한 기업의 주식을 결합하여도 포트폴리오라고 한다.

2) 포트폴리오 이론

분산투자된 자산으로부터 안정된 결합편익을 획득하도록 하는 자산관리의 방법이나 원리를 말한다.

3) 포트폴리오 관리

투자대안이 가지고 있는 위험과 수익을 분석하여 불필요한 위험을 제거하고 최선의 결과를 얻을 수 있는 포트폴리오를 선택하는 것이다.

(2) 분산투자의 개념

"계란을 한 바구니에 담지 말라"는 말은 계란을 한 바구니에 담으면 넘어졌을 경우 모두 다 깨지므로 여러 바구니에 나누어 손해를 최소화 하라는 것으로 분산투자를 설명하는 속 담이다.

cf) 자산 3분법 투자

- 주식투자는 위험하고, 은행예금은 수익성이 낮고, 부동산투자는 환금성이 떨어지 는 단점이 있다.
- 자산 3분법은 재산을 보전함에 있어서 수익성, 안정성, 환금성을 고려하여 부동산, 증권, 예금 3분야에 분산시킴으로써 경기변동에서 오는 위험 부담으로부터 벗어 나고 안전하게 수익을 얻고자 하는 투자전략을 말한다.

(3) 포트폴리오의 기대수익률

1) 포트폴리오의 기대수익률

- 포트폴리오를 구성하고 있는 개별증권의 기대수익률을 각각의 투자비율에 따라 가중 평균한 값이며, 다음과 같이 계산된다.

$$E(R_p) = \sum_{s=1}^{n} w_i \cdot E(R_i)$$

- E(Rp) : 포트폴리오의 기대수익률
- wi : 주식i의 투자비율
- n : 포트폴리오의 구성 종목수
- 단, $\sum_{i=1}^{n} w_i = 1$

① 2개의 자산으로 구성된 포트폴리오의 기대수익률

$E(R_p) = w_x E(R_x) + w_y E(R_y)$

② 가중치의 합 = 1

예 200만 원의 주식투자자금 중 150만 원을 S주식에 그리고 나머지 50만 원을 H주식에 투자했다면, 포트폴리오의 가중치는 각각 0.75와 0.25

2) 사례

구분		확률	수익률 (%)	
			X주식	Y주식
경기	상황1	0.5	14	2
	상황2	0.5	−2	10

① 두 주식의 기대수익률

㉠ $E(Rx) = (0.5 \times 14\%) + (0.5 \times -2\%) = 6\%$

㉡ $E(Ry) = (0.5 \times 2\%) + (0.5 \times 10\%) = 6\%$

② 포트폴리오의 기대수익률

$E(R_p) = w_x E(R_x) + w_y E(R_y) = (0.5 \times 6\%) + (0.5 \times 6\%) = 6\%$

❷ 포트폴리오의 위험

(1) 포트폴리오의 위험

포트폴리오의 위험은 분산투자로 인해 비체계적위험이 완전히 제거된 경우, 개별자산의 체계적위험을 가중평균한 값을 의미한다.

(2) 포트폴리오 위험의 측정

공분산 개념을 이용하여 포트폴리오의 위험을 측정하며, 개별증권 수익률 간의 상관관계를 나타내는 상관계수 또는 공분산의 크기에 의해 포트폴리오 위험은 결정된다.

1) 공분산

공분산은 두 주식 수익률의 관련성을 측정하는 척도로서 두 개 증권의 수익률이 같은 방향 또는 다른 방향으로 움직이는 정도를 계량적으로 측정한 값이다. 상관계수는 두 개 증권의 수익률의 변화 관계를 측정한 것이다. 공분산은 상황별 두 자산의 편차의 곱을 이용하여 구한다.

$$\delta_{xy} = Cov(R_x, R_x) = E[(R_x, -E(R_x)(R_y, -E(R_y))]$$

$$= \sum [(R_x, -E(R_x)(R_y, -E(R_y))] \cdot P$$

① 공분산은 값의 부호를 유의해야 함

- 즉, 공분산이 양수(+)값이면 두 주식의 수익률이 상황마다 기대수익률을 중심으로 동일한 방향으로 움직인다는 의미
- 반대로 공분산이 음수(-)값이며 두 주식의 수익률이 상황마다 기대수익률을 중심으로 반대 방향으로 움직인다는 의미임

② 공분산의 한계

- 공분산은 측정단위와 규모에 따라 값이 달라짐
- 따라서 측정단위와 규모가 달라지면 공분산 값이 크다고 해서 무조건 두 자산이 밀접한 관계가 있다고 단정하기 힘듦
- 예를 들어 동일한 자산임에도 불구하고 가격을 기준으로 구한 공분산 값과 수익률을 기준으로 구한 공분산 값이 다름

2) 상관계수

① 두 변량 X, Y 사이의 상관관계의 정도를 나타내는 수치(계수)
② 위에서 언급한 공분산의 한계점를 극복하고 두 자산 간의 밀접한 관계(상관관계, 선형관계)를 나타낸 측정치가 바로 상관계수
  - 상관계수는 두 자산 간의 공분산을 두 자산의 표준편차의 곱으로 나누어서 표준화하여 계산한 값임

$$\rho_{xy} = \frac{\sigma_{xy}}{\sigma_x \times \sigma_y}, \ (-1 \leq \rho_{xy} \leq +1)$$

③ 상관계수와 수익률의 관계
  - 두 자산 간의 상관계수의 부호는 언제나 공분산의 부호와 같음
  - 두 자산 간의 상관계수는 -1부터 +1까지의 값을 지님

- 두 자산 간의 상관계수가 −1이라면 두 자산은 정확히 반비례 관계에 있음
- 두 자산 간의 상관계수가 1이라면 두 자산은 정확히 정비례 관계에 있음
- 두 자산 간의 상관계수가 0이라면 두 자산은 일정한 관계없이 독립적인 관계에 있음

㉠ $\rho_{xy} = -1$

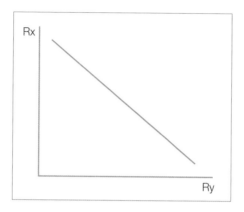

㉡ $\rho_{xy} = +1$

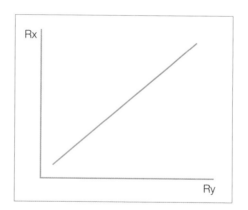

㉢ $\rho_{xy} = 0$

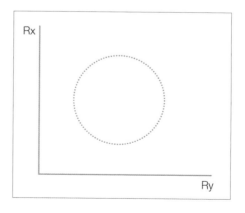

ⓔ $-1 \langle \rho_{xy} \langle 0$

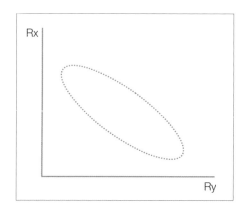

ⓜ $0 \langle \rho_{xy} \langle +1$

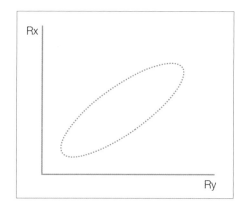

(3) 포트폴리오의 분산

포트폴리오의 일반적 위험을 나타내는 포트리폴리오의 분산은 '분산-공분산 매트릭스'를 통해 포트폴리오가 산출된다.

1) 분산-공분산 매트릭스

		W_x	W_y
		자산 X	자산 Y
W_x	자산 X	자산 X 분산	자산 X와 Y의 공분산
W_y	자산 Y	자산 X와 Y의 공분산	자산 Y 분산

2) 2개 자산으로 구성된 포트폴리오의 위험

$$\delta_p^2 = Var(R_p) = Var(W_x R_x + W_y R_y)$$
$$= W_x^2 \cdot \delta_x^2 + W_y^2 \cdot \delta_y^2 + 2W_x W_{xy} \delta_{xy}$$

① 사례

구분		확률	수익률 (%)	
			X주식	Y주식
경기	상황1	0.5	14	2
	상황2	0.5	−2	10

㉠ $\delta_p^2 = 0.5^2 \cdot \delta_x^2 + 0.5^2 \cdot \delta_y^2 + 2 \cdot 0.5 \cdot 0.5 \cdot \delta_x \delta_y \rho_{xy}$

㉡ $\delta_x^2 = (14\% - 6\%)^2 \cdot 0.5 + (-2\% - 6\%)^2 \cdot 0.5 = 0.0064, \ \delta_x = 0.08$

㉢ $\delta_y^2 = (2\% - 6\%)^2 \cdot 0.5 + (10\% - 6\%)^2 \cdot 0.5 = 0.0016, \ \delta_x = 0.04$

㉣ $\delta_{xy} = (14\% - 6\%)(2\% - 6\%)(0.5) + (-2\% - 6\%)(10\% - 6\%)(0.5)$
$= 0.0032$

㉤ $\rho_{xy} = \dfrac{-0.0032}{0.08 \times 0.04} = -1$

㉥ $\delta_p^2 = 0.5^2 \cdot 64\% + 0.5^2 \cdot 16\% + 2 \cdot 0.5 \cdot 0.5 \cdot (-1) \cdot 8\% \cdot 4\% = 0.0004$

㉦ $\delta_p = 2\%$

(4) 분산투자효과

1) 분산투자효과

만약 포트폴리오의 표준편차를 자산A와 자산B의 표준편차를 투자비중대로 가중평균해서 구한다면, 이 때 두 자산의 단순가중평균한 표준편차와 실제 '분산-공분산 매트릭스'를 이용하여 계산한 표준편차의 차이를 포트폴리오 효과로 인한 분산투자효과라고 한다. 이는 "달걀을 한 바구니에 담지말라"는 격언을 수치적으로 증명한 것이다.

2) 사례

– 아래의 정보를 이용하여 분산투자효과를 구하시오.

– 참고로 '분산–공분산 매트릭스'를 이용하여 아래의 2개의 자산의 포트폴리오 표준편차는 0.8%라고 가정하자.

구분	A주식	B주식
기대수익률	8%	10%
표준편차	2%	5%

ㄱ 두 주식의 단순가중평균한 표준편차

ㄴ $E(RA) = (60\% \times 2\%) + (40\% \times 5\%) = 3.2\%$

ㄷ 포트폴리오의 분산투자효과

ㄹ $3.2\% - 0.8\% = 2.4\%$

1. 포트폴리오란 2개 이상의 자산 집합을 의미하는 것으로 투자자들에 의해 보유되는 주식, 채권 등과 같은 자산들의 그룹을 의미한다.

    [정답] ○
    [해설]

2. 공분산이 음수(−)값이면 두 주식의 수익률이 상황마다 기대수익률을 중심으로 동일한 방향으로 움직인다는 의미이다.

    [정답] ×
    [해설] 음수(−) → 양수(+)

3. 다음 설명 중 두 주식(X, Y)의 기대수익률은 얼마인가?

구분		확률	수익률 (%)	
			X주식	Y주식
경기	상황1	0.3	10	2
	상황2	0.7	−3	10

	X	Y
①	0.1	0.125
②	0.125	0.1
③	0.125	0
④	0	0.125

    [정답] ②
    [해설] ㉠ $E(Rx) = (0.3 \times 10\%) + (0.7 \times -3\%) = 9.0\%$
          ㉡ $E(Ry) = (0.3 \times 2\%) + (0.7 \times 10\%) = 7.6\%$

4. 다음 설명 중 두 주식(X, Y)의 기대수익률은 얼마인가?

구분		확률	수익률 (%)	
			X주식	Y주식
경기	상황1	0.3	10	2
	상황2	0.7	−3	10

① 9.0%
② 7.6%
③ 8.02%
④ 10.0%

[정답] ③
[해설] ㉠ $E(R_x) = (0.3 × 10\%) + (0.7 × −3\%) = 9.0\%$
　　　 ㉡ $E(R_y) = (0.3 × 2\%) + (0.7 × 10\%) = 7.6\%$
　　　 ㉢ $E(R_p) = wxE(Rx) + wyE(Ry) = (0.3 × 9\%) + (0.7 × 7.6\%) = 8.02\%$

5. 다음 설명 중 가장 올바르지 않은 것은?

① 두 자산 간의 상관계수의 부호는 언제나 공분산의 부호와 같다.
② 두 자산 간의 상관계수는 −1부터 +1까지의 값을 지닌다.
③ 두 자산 간의 상관계수가 1이라면 두 자산은 정확히 정비례 관계에 있다.
④ 두 자산 간의 상관계수가 −1이라면 두 자산은 일정한 관계없이 독립적인 관계에 있다.

[정답] ④
[해설] 두 자산 간의 상관계수가 0이라면 두 자산은 일정한 관계없이 독립적인 관계에 있음

1. 포트폴리오의 기대수익률

(1) 포트폴리오의 개념

2개 이상의 자산 집합을 의미하는 것으로 투자자들에 의해 보유되는 주식, 채권 등과 같은 자산들의 그룹을 의미함

(2) 포트폴리오의 기대수익률

포트폴리오를 구성하고 있는 개별증권의 기대수익률을 각각의 투자비율에 따라 가중평균한 값이며, 다음과 같이 계산됨

$$E(R_p) = \sum_{s=1}^{n} w_i \cdot E(R_i)$$

- E(Rp) : 포트폴리오의 기대수익률
- wi : 주식i의 투자비율
- n : 포트폴리오의 구성 종목수
- 단, $\sum_{i=1}^{n} w_i = 1$

① 가중치의 합 = 1
② 2개의 자산으로 구성된 포트폴리오
$$E(R_p) = w_x E(R_x) + wy E(R_y)$$

2. 포트폴리오의 위험

(1) 포트폴리오 위험의 측정

1) 공분산

① 두 주식 수익률의 관련성을 측정하는 척도
  - 상황별 두 자산의 편차의 곱을 이용하여 구함

$$\delta_{xy} = Cov(R_x, R_x) = E[(R_x, - E(R_x)(R_y, - E(R_y))]$$

$$= \sum [(R_x, - E(R_x)(R_y, - E(R_y))] \cdot P$$

② 공분산은 값의 부호를 유의해야 함
  - 즉, 공분산이 양수(+)값이면 두 주식의 수익률이 상황마다 기대수익률을 중심으로 동일한 방향으로 움직인다는 의미
  - 반대로 공분산이 음수(-)값이며 두 주식의 수익률이 상황마다 기대수익률을 중심으로 반대 방향으로 움직인다는 의미임

2) 상관계수

① 두 변량 X, Y 사이의 상관관계의 정도를 나타내는 수치(계수)
② 위에서 언급한 공분산의 한계점를 극복하고 두 자산 간의 밀접한 관계(상관관계, 선형관계)를 나타낸 측정치가 바로 상관계수
  - 상관계수는 두 자산 간의 공분산을 두 자산의 표준편차의 곱으로 나누어서 표준화하여 계산한 값임

$$\rho_{xy} = \frac{\sigma_{xy}}{\sigma_x \times \sigma_y}, \ (-1 \leq \rho_{xy} \leq +1)$$

③ 상관계수와 수익률의 관계
  - 두 자산 간의 상관계수의 부호는 언제나 공분산의 부호와 같음
  - 두 자산 간의 상관계수는 -1부터 +1까지의 값을 지님

- 두 자산 간의 상관계수가 1이라면 두 자산은 정확히 정비례 관계에 있음
- 두 자산 간의 상관계수가 −1이라면 두 자산은 정확히 반비례 관계에 있음
- 두 자산 간의 상관계수가 0이라면 두 자산은 일정한 관계없이 독립적인 관계에 있음

(2) 포트폴리오의 분산

1) 분산 – 공분산 매트릭스를 통해 포트폴리오를 산출

		W_x	W_y
		자산 X	자산 Y
W_x	자산 X	자산 X 분산	자산 X와 Y의 공분산
W_y	자산 Y	자산 X와 Y의 공분산	자산 Y 분산

2) 2개 자산으로 구성된 포트폴리오의 위험

$$\delta_p^2 = Var(R_p) = Var(W_x R_x + W_y R_y)$$
$$= W_x^2 \cdot \delta_x^2 + W_y^2 \cdot \delta_y^2 + 2 W_x W_{xy} \delta_{xy}$$

(3) 분산투자효과

만약 포트폴리오의 표준편차를 자산A와 자산B의 표준편차를 투자비중대로 가중평균해서 구한다면, 이 때 두 자산의 단순가중평균한 표준편차와 실제 '분산–공분산 매트릭스'를 이용하여 계산한 표준편차의 차이를 포트폴리오 효과로 인한 분산투자효과라고 함

Chapter **14**

자본자산가격결정모형 (1)

학습목차	학습목표
1. 체계적위험과 비체계적위험	1. 체계적위험과 비체계적위험을 이해하고 설명할 수 있다.
2. 베타	2. 베타의 개념을 이해하고 추정할 수 있다.

① 체계적위험과 비체계적위험

(1) n개 포트폴리오의 기대수익률과 위험

1) n개 자산 포트폴리오의 기대수익률

① n개 자산 포트폴리오의 수익률

$$R_p \ = \ w_1 R_1 \ + \ w_2 R_2 \ + \ w_3 R_3 \ + \ \cdots \ + \ w_n R_n \ = \ \sum_{s=1}^{n} w_i \cdot R_i$$

② n개 자산 포트폴리오의 기대수익률

$$E(R_p) \ = \ w_1 E(R_1) \ + \ w_2 E(R_2) \ + \ w_3 E(R_3) \ + \ \cdots \ + \ w_n E(R_n) \ = \ \sum_{s=1}^{n} w_i \cdot E(R_i)$$

2) n개 자산 포트폴리오의 위험

$$\delta_p^2 \ = \ \sum_{i=1}^{n} \sum_{i=1}^{n} w_i \cdot w_j \cdot \delta_{ij} \ = \ \sum_{i=1}^{n} \sum_{i=1}^{n} w_i \cdot w_j \cdot \delta_i \cdot \delta_j$$

$$= \ \sum_{i=1}^{n} w_i^2 \cdot \delta_i^2 \ + \ \sum_{i=1}^{n} \sum_{i=1}^{n} w_i \cdot w_j \cdot \delta_{ij} \ (단, \ i \ \neq \ j)$$

(2) 체계적위험과 비체계적위험

1) 체계적위험과 비체계적위험의 개념

개별주식의 위험	=	체계적위험 (분산 불가능 위험)	+	비체계적위험 (분산 가능 위험)

① 체계적위험(systematic risk)

개별주식의 특성과는 상관없이 인플레이션이나 금리변동 또는 정치, 경제, 사회적인 요인의 변화로 인해 주식시장 전반에 영향을 주어 발생하는 위험을 말한다.

체계적위험은 이자율의 변동, 인플레이션, 경기변동, 전쟁 등과 같은 요인으로 인하여 발생하는 위험이다. 이러한 요인들은 거의 모든 주식에 공통적으로 영향을 미치기 때문에 분산투자를 하여도 제거할 수 없다.

② 비체계적위험(unsystematic risk)

비체계적위험은 포트폴리오를 구성함으로써 제거할 수 있는 위험을 분산가능위험 또는 기업의 특수위험이라고 한다.

비체계적위험은 증권시장 전반의 움직임에 관계없이 개별주식에 한정된 위험으로 개별기업에 국한된 요인, 즉 신제품출시, 경영성과, 파업, 소송사건 등으로 인하여 발생하는 위험이다.

2) 사례

- 우산 판매기업과 아이스크림 판매기업 양쪽에 반반씩 투자
- 포트폴리오를 구축함으로써 날씨와 무관한 안정된 수익을 얻을 수 있음.
- 하지만 시장 공통적으로 영향을 주는 물가급상승 위험은 회피할 수 없음.

구분		우산 판매기업	아이스크림 판매기업	투자자
기후 조건	맑음	불황	호황	분산가능
	흐림 or 비	호황	불황	
물가상승		불황	불황	분산불가능

(3) n개 자산에 균등분배된 포트폴리오

1) 수식

$$\delta_p^2 = \sum_{i=1}^{n}(\frac{1}{n})^2 \cdot \delta_i^2 + \sum_{i=1}^{n}\sum_{i=1}^{n}(\frac{1}{n}) \cdot (\frac{1}{n}) \cdot \delta_{ij} \ \ (단, \ i \neq j)$$

$$= (\frac{1}{n}) \cdot \frac{\sum_{i=1}^{n} \cdot \delta_i^2}{n} + \frac{n^2-n}{n^2} \cdot \frac{\sum_{i=1}^{n}\sum_{j=1}^{n} \cdot \delta_{ij}}{n^2-n} \ \ (단, \ i \neq j)$$

$$= \frac{1}{n} \cdot 분산의\ 평균 + (1-\frac{1}{n}) \cdot 공분산의\ 평균$$

$$= \frac{1}{n} \cdot (분산의\ 평균 - 공분산의\ 평균) + 공분산의\ 평균$$

2) 도식화

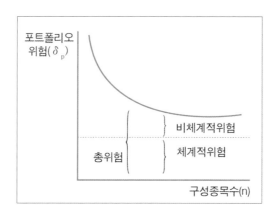

❷ 베타

(1) 베타의 개념

체계적위험을 측정하는 지표로서 포트폴리오를 보유하고 있는 경우에 개별주식의 위험이 시장포트폴리오의 위험에서 차지하는 비율을 나타내며, 베타는 다음과 같이 계산할 수있다.

$$\beta_i = \frac{Cov(R_i, R_m)}{Var(R_m)} = \frac{\delta_{im}}{\delta_m^2}$$

(2) 위험에 대한 태도와 투자기회집합

1) 위험에 대한 태도

① 기대효용극대화

위험이 존재하는 상황에서는 '기대수익률 극대화기준'은 제 역할을 하지 못하며, 이 때는 '기대효용 극대화기준'을 이용하여 투자안을 선택한다.

> **사례**
>
> 투자자 갑은 현재 10,000원을 가지고 있으며, 그의 효용함수는 $U = \sqrt{W}$(위험회피형) 이다. 투자자 갑은 이기면 3,000원을 얻고 지면 2,000원을 잃게 되는 게임을 할 것인지 고려하고 있다.(단, 게임에 이기고 질 확률은 반반이다)
>
> ㉠ 투자자 갑의 기대효용과 기대부의 효용은 얼마인가?
> > a. 기대부 : E(W) = 13,000 × 0.5 + 8,000 × 0.5 = 10,500원
> > → 기대부의 효용 : $U[E(W)] = \sqrt{10,500} = 102.47$
> > b. 기대효용 : $= E[U(W)] = \sqrt{13,000} \times 0.5 + \sqrt{8,000} \times 0.5 = 101.73$
>
> ㉡ 이 게임에 참가하기 위해서는 일정한 비용이 든다고 가정하면 투자자 갑이 이 게임에 참가하기 위해 부담할 수 있는 최대의 금액을 구하시오.
> > a. CEQ(확실성등가) = 101.73^2 = 10,349원
> > b. 겜블의 비용 = W_0 - CEQ = 10,000 - 10,349 = -349
> > → 게임 참가할 경우의 이득이 349원이므로 지급가능한 최대 참가비는 349원이다.
>
> ㉢ A보험회사는 투자자 갑에게 이 게임에 포함된 모든 위험을 없애주는 조건으로 보험료 200원을 제시하였다. 투자자 갑은 이 보험에 가입하겠는가? 만일 가입하지 않는다면 투자자 갑이 이 게임에 포함된 모든 위험을 없애기 위하여 지불할 수 있는 최대의 보험료는 얼마인가?
> > a. 위험프리미엄(RP) = E(W) - CEQ = 10,500 - 10,349 = 151
> > b. 최대보험료 = 보장액 - CEQ = 10,500 - 10,349 = 151
> > → 지급가능한 최대 보험료는 151원이므로 200원을 지급해야 하는 보험에 가입

하지 않는다.

→ 위험을 제거하는 보험에 있어 최대보험료는 위험프리미엄과 동일하다.

② **위험에 대한 태도**

㉠ 위험회피형

　다른 조건이 같다면, 보다 적은 위험을 부담하기를 원하는 투자자

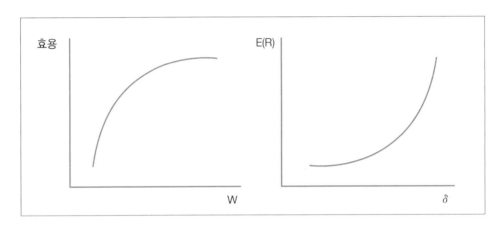

㉡ 위험중립형

　위험의 크기와는 무관하게 기대수익률에 의해서만 투자결정

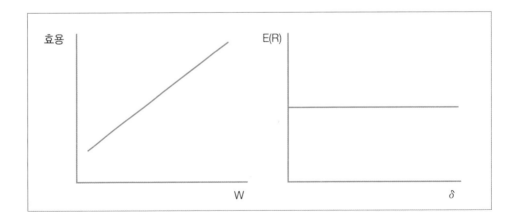

ⓒ 위험선호형

다른 조건이 동일하다면, 보다 큰 위험을 선호하는 투자자

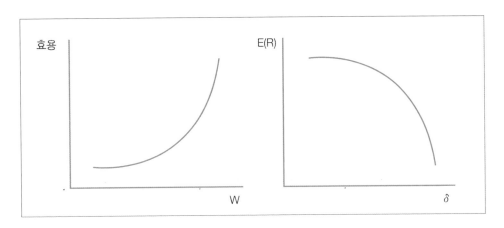

2) 포트폴리오의 기대수익률과 위험의 집합

① 상관계수에 따른 포트폴리오의 기대수익률과 위험

사례를 통해 상관계수 별로 포트폴리오의 기대수익률과 위험을 살펴보면 다음과 같다.

사례

- 주식 A와 B의 기대수익률 (10%, 15%), 표준편차 (10%, 20%)
- 주식 A에 20%, 주식 B에 80%를 투자하는 포트폴리오

㉠ 주식 A, B 수익률 간 상관계수 = 0

  a. $E(Rp) = 0.2 \times 10\% + 0.8 \times 15\% = 14\%$

  b. $\delta_p = \sqrt{W_A^2 \delta_A^2 + W_B^2 \delta_B^2} = \sqrt{(0.2)^2 (10\%)^2 + (0.8)^2 (20\%)^2} = 16.12\%$

㉡ 주식 A, B 수익률 간 상관계수 = +1

  a. $E(Rp) = 0.2 \times 10\% + 0.8 \times 15\% = 14\%$

  b. $\delta_p = \sqrt{W_A^2 \delta_A^2 + W_B^2 \delta_B^2 + 2 W_A W_B \delta_A \delta_B} = 0.2 \times 10\% + 0.8 \times 20\% = 18\%$

㉢ 주식 A, B 수익률 간 상관계수 = −1

  a. $E(Rp) = 0.2 \times 10\% + 0.8 \times 15\% = 14\%$

  b. $\delta_p = \sqrt{W_A^2 \delta_A^2 + W_B^2 \delta_B^2 - 2 W_A W_B \delta_A \delta_B} = |\, 0.2 \times 10\% - 0.8 \times 20\% \,| = 14\%$

ⓐ 두 개의 주식으로 결합된 포트폴리오의 투자기회 집합

두 개의 주식으로 결합된 포트폴리오의 투자기회 집합은 각 자산의 투자비중과 두 개의 자산간의 상관관계에 따라 기대수익률과 위험(표준편차)이 달라진다.

구분		$\rho_{AB} = +1$		$\rho_{AB} = 0$		$\rho_{AB} = -1$	
w_A	w_B	$E(R_P)$	δ_P	$E(R_P)$	δ_P	$E(R_P)$	δ_P
1.0	0.0	10%	10%	10%	10%	10%	10%
0.8	0.2	11%	12%	11%	8.9%	11%	4%
0.6	0.4	12%	14%	12%	10%	12%	2%
0.4	0.6	13%	16%	13%	12.7%	13%	8%
0.2	0.8	14%	18%	14%	16.1%	14%	14%
0.0	1.0	15%	20%	15%	20%	15%	20%

또한 위의 A, B 두 개의 자산이 결합된 포트폴리오에 대해 투자비중과 상관계수 변화에 따른 포트폴리오의 결합선은 다음과 같다.

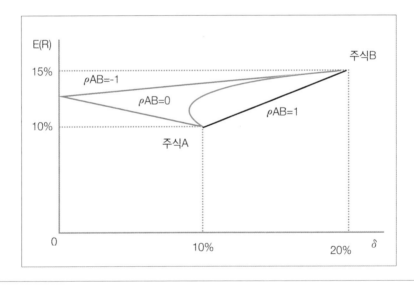

② 투자기회 집합

　포트폴리오는 개별자산과 개별자산의 결합, 개별자산과 포트폴리오의 결합, 포트폴리오와 포트폴리오의 결합으로 다양하게 구성할 수 있다. 세 개의 주식으로 결합된 포트폴리오의 결합선을 아래의 그림으로 표현할 수 있다.

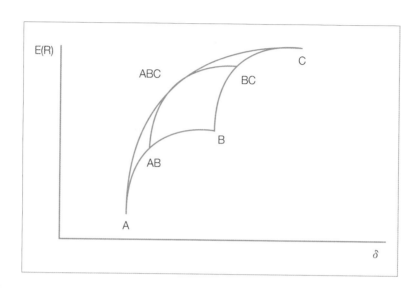

Quiz

1. 비체계적위험은 개별주식의 특성과는 상관없이 인플레이션이나 금리변동 또는 정치, 경제, 사회적인 요인의 변화로 인해 주식시장 전반에 영향을 주어 발생하는 위험이다.

   [정답] ×
   [해설] 비체계적위험이 아닌 체계적위험에 대한 설명임

2. 공분산은 체계적위험을 측정하는 지표로서 포트폴리오를 보유하고 있는 경우에 개별주식의 위험이 시장포트폴리오의 위험에서 차지하는 비율을 나타낸다.

   [정답] ×
   [해설] 공분산이 아닌 베타에 대한 설명임

3. 다음 그래프는 위험에 대한 태도 중 무엇에 대한 설명인가?

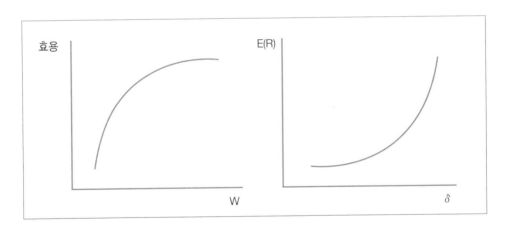

   ① 위험회피형   ② 위험중립형
   ③ 위험선호형   ④ 정답없음

   [정답] ①
   [해설] 다른 조건이 같다면, 보다 적은 위험을 부담하기를 원하는 투자자에 대한 그래프임

4. 다음 빈칸에 들어갈 알맞은 정답을 고르시오.

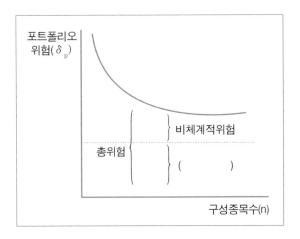

① 비체계적위험

② 체계적위험

③ 분산

④ 공분산

[정답] ②

[해설] 포트폴리오를 구축하더라도 줄일 수 없는 위험을 체계적위험이라고 함

5. 다음 빈칸에 들어갈 알맞은 정답을 고르시오.

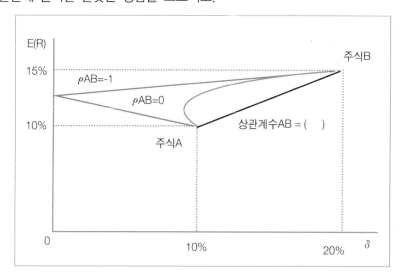

① +1

② 0

③ −1

④ 0.5

[정답] ①

[해설] 상관계수AB ＝ +1인 경우에 직선의 형태로 나타남

1. 체계적위험과 비체계적위험

(1) n개 포트폴리오의 기대수익률과 위험

① n개 자산 포트폴리오의 수익률

$$R_p = w_1 R_1 + w_2 R_2 + w_3 R_3 + \cdots + w_n R_n = \sum_{s=1}^{n} w_i \cdot R_i$$

② n개 자산 포트폴리오의 기대수익률

$$E(R_p) = w_1 E(R_1) + w_2 E(R_2) + w_3 E(R_3) + \cdots + w_n E(R_n) = \sum_{s=1}^{n} w_i \cdot E(R_i)$$

(2) 체계적위험과 비체계적위험

1) 체계적위험과 비체계적위험의 개념

① 체계적위험(systematic risk)
개별주식의 특성과는 상관없이 인플레이션이나 금리변동 또는 정치, 경제, 사회적
인 요인의 변화로 인해 주식시장 전반에 영향을 주어 발생하는 위험
② 비체계적위험(unsystematic risk)
증권시장 전반의 움직임에 관계없이 개별주식에 한정된 위험

2. 베타

(1) 베타의 개념

− 체계적위험을 측정하는 지표로서 포트폴리오를 보유하고 있는 경우에 개별주식의
위험이 시장포트폴리오의 위험에서 차지하는 비율을 나타냄

− $\beta_i = \dfrac{Cov(R_i, R_m)}{Var(R_m)} = \dfrac{\delta_{im}}{\delta_m^2}$

(2) 위험에 대한 태도와 투자기회집합

1) 위험에 대한 태도

① 기대효용 극대화

위험이 존재하는 상황에서는 '기대수익률 극대화기준'은 제 역할을 하지 못하며, 이 때는 '기대효용 극대화기준'을 이용하여 투자안을 선택함

② 위험에 대한 태도

  ㉠ 위험회피형

  다른 조건이 같다면, 보다 적은 위험을 부담하기를 원하는 투자자

  ㉡ 위험중립형

  위험의 크기와는 무관하게 기대수익률에 의해서만 투자결정

  ㉢ 위험선호형

  다른 조건이 동일하다면, 보다 큰 위험을 선호하는 투자자

2) 포트폴리오의 기대수익률과 위험의 집합

① 상관계수에 따른 포트폴리오의 기대수익률과 위험

  두 개의 주식으로 결합된 포트폴리오의 결합선

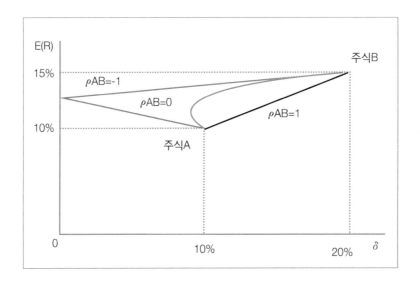

② 투자기회 집합
　　㉠ 세 개의 주식으로 결합된 포트폴리오의 결합선

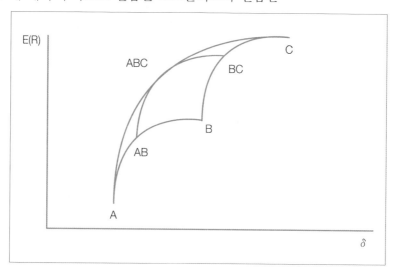

　　㉡ 포트폴리오의 구성
　　　－ 개별자산과 개별자산의 결합
　　　－ 개별자산과 포트폴리오의 결합
　　　－ 포트폴리오와 포트폴리오의 결합

Chapter 15

자본자산가격결정모형 (2)

학습목차	학습목표
1. 증권시장선의 도출 과정 2. 증권시장선의 활용	1. 증권시장선의 도출 과정을 이해하고 설명할 수 있다. 2. 증권시장선을 활용하여 응용할 수 있다.

❶ 증권시장선의 도출 과정

(1) 최적포트폴리오의 선택

1) 평균－분산모형

위험 하에서는 합리적 투자결정기준은 기대효용의 극대화에 따라 결정된다는 모형이다. 즉, 평균－분산모형은 확률분포나 효용함수의 형태와는 관계없이 미래 수익에 대한 평균과 분산만으로 기대효용을 나타내는 모형이다.

평균－분산모형에서는 투자자의 최적선택을 두 단계로 구분한다. 먼저 지배원리에 따라 자산의 효율적 집합을 선정하고 기대효용을 극대화하는 최적자산을 선택한다.

① 지배원리

동일한 위험에 대해 기대수익률이 높은 자산을 선택하고, 기대수익률이 같다면 위험이 가장 작은 자산을 선택하는 투자결정원리이다.

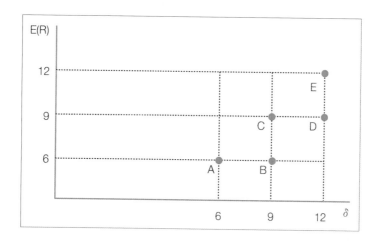

② 최적자산의 선택

위험회피형 투자자들은 자산 A, C, E만을 효율적 자산으로 선정하며, 기대효용 극대화 기준에 의해 최적자산을 선택한다.

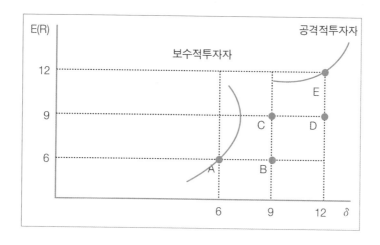

2) 효율적 투자선과 최적포트폴리오의 선택

① 투자기회집합

개별주식의 투자비율을 조정하여 구성가능한 모든 포트폴리오로서 투자기회집합 내의 모든 포트폴리오 결합이 투자대상으로 효율적인 것은 아니다.

② 효율적 투자선

시장에 존재하는 자산들에 분산투자를 해서 만들 수 있는 포트폴리오 중에서 위험이 낮으면서 수익률이 높은 포트폴리오 집합이다.

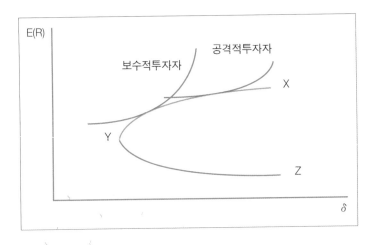

③ XYZ선은 기대수익률 대비 위험이 가장 적은 최소분산포트폴리오 집합선이다.

④ XYZ선상에서 위험이 가장 작은 최소분산포트폴리오는 Y점이다.

⑤ 효율적 포트폴리오 중 효용을 극대화시키는 포트폴리오를 최적포트폴리오라고 한다.

(2) 자본자산가격결정모형

1) 의의

잘 분산된 투자를 하는 투자자의 경우에는 체계적위험만을 고려하여 의사결정을 한다. 따라서 마코위츠의 포트폴리오선택이론대로 투자자들이 투자활동을 하여 시장전체가 균형상태를 이룰 때, 주식을 비롯한 자본자산의 균형가격이 어떻게 결정되는가를 설명하는 모형이 자본자산가격결정모형이다.

2) 기본가정

① 자본시장은 완전경쟁시장이다.

② 투자자들은 '평균-분산모형'에 따라 투자안의 수익은 높을수록 좋고 위험은 낮을수록 좋다고 생각한다.

③ 투자자들의 투자기간은 1기간이다.

④ 투자자들이 특정 투자안에 대해 동일한 기대를 한다.

⑤ 자본시장에는 위험이 없는 투자자산이 존재하며, 이 자산에 투자했을 때 올릴 수 있는 투자수익률로 자금을 자유롭게 차입하거나 대출할 수 있다.

⑥ 자본시장에는 세금과 거래비용이 없다.

❷ 증권시장선의 활용

(1) 자본시장선

1) 개념

① 자본시장선(CML : Capital Market Line)

무위험자산까지 고려하여 확대된 투자범위에서의 최적의 투자집합이다. 위험이 있는 자산들뿐만 아니라 무위험자산까지 포함해서 완전분산투자할 경우, 균형상태의 자본시장에서 효율적 포트폴리오의 기대수익과 위험의 관계를 나타낸 것이다.

② 무위험자산과 효율적 투자선의 접점인 M을 잇는 직선이다.

③ CML 상의 접점 M : 균형상태에서 모든 투자자들은 자신의 위험회피 정도에 관계없이 위험자산 포트폴리오 M을 최적포트폴리오의 일부로 보유한다.

④ 시장포트폴리오(Market portfolio) : 위험자산으로만 구성된 포트폴리오 중에서 가장 우월한 포트폴리오이다.

2) 자본시장선(CML) 도출 과정

① 시장포트폴리오(M)에 W_m 만큼을 투자하고 나머지를 무위험자산에 투자하여 다음과 같은 새로운 포트폴리오를 구성한다.

$$R_p = (1 - W_m)Rf + W_m R_m$$

② R_P의 기대수익률과 분산은 다음과 같다.

a. $E(R_p) = (1 - W_m)Rf + W_m E(R_m)$

b. $Var(R_p) = Var[(1 - W_m)Rf + W_m R_m$

$$= (1 - W_m)^2 Var(Rf) + W_m^2 Var(R_m) +$$

$$2(1 - W_m) W_m Cov(Rf, R_m) = W_m^2 Var(R_m) \rightarrow \delta_p$$

$$= W_m \delta_m$$

③ '①' 과 '②' 식을 연립하여 정리하면, 아래와 같이 위험과 수익률의 관계가 직선으로 나타나는데 이를 자본시장선이라 함

$$E(R_p) = Rf + [\frac{E(R_m) - Rf}{\sigma_m}]\delta_p$$

3) 자본시장선(CML)

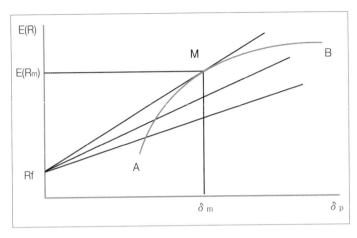

4) 자본시장선의 한계점

- 자본시장선의 포트폴리오는 무위험자산과 시장포트폴리오를 결합한 포트폴리오이므로 항상 시장포트폴리오와 완전 정(+)의 상관계수 (+1)를 가진다.
- 따라서 비효율적인 포트폴리오나 개별자산의 균형가격에 대해서는 설명하지 못하는 단점이 있다.

(2) 증권특성선

1) 시장포트폴리오 위험의 분해와 체계적위험의 지표

시장포트폴리오 위험을 분해하면 다음과 같이 나눌 수 있다.

$w_1 w_1 \delta_1^2 + w_1 w_2 \delta_{12} + \cdots + w_1 w_n \delta_{1n}$	$w_1 \delta_{1m}$
$w_2 w_1 \delta_{21} + w_2 w_2 \delta_2^2 + \cdots + w_2 w_n \delta_{2n}$	$w_2 \delta_{2m}$
$+$	$+$
$\cdots$	$\cdots$
$+$	$+$
$w_n w_1 \delta_{n1} + w_n w_2 \delta_{n2} + \cdots + w_n w_n \delta_n^2$	$w_3 \delta_{3m}$
δ_m^2	δ_m^2

시장포트폴리오의 분해된 개별자산의 위험을 다음과 같은 식으로 표현할 수 있다.

$$\delta_m^2 = w_1\delta_{1m} + w_2\delta_{2m} + \cdots + w_3\delta_{3m}$$

$$1 = w_1\frac{\delta_{1m}}{\delta_m^2} + w_2\frac{\delta_{2m}}{\delta_m^2} + \cdots + w_n\frac{\delta_{nm}}{\delta_m^2}$$

$$1 = w_1\beta_1 + w_2\beta_2 + \cdots + w_n\beta_n$$

2) 체계적위험과 베타

① 베타

체계적위험을 측정하는 지표로서 포트폴리오를 보유하고 있는 경우에 개별주식의 위험이 시장포트폴리오의 위험에서 차지하는 비율이다. 베타를 산정하는 식은 다음과 같다.

$$\beta_i = \frac{Cov(R_i, R_m)}{Var(R_m)} = \frac{\delta_{im}}{\delta_m^2}$$

② 사전적베타

개별주식과 시장포트폴리오의 미래 수익률의 확률분포가 주어졌을 경우, 시장포트폴리오와 개별주식의 공분산과 시장포트폴리오의 분산을 이용하여 구한 베타를 의미한다.

③ 사후적베타

시장포트폴리오의 대용치(종합주가지수, KOSPI200)와 개별주식의 과거 수익률자료를 이용하여 회귀분석을 실시하여 추정된 기울기로 구한 베타이다.

④ 시장모형 하에서 포트폴리오의 체계적위험은 개별주식의 체계적위험을 구성비율로 가중치한 값이다.

3) 증권시장선

① 주식의 기대수익률과 체계적위험(베타)과의 관계식은 다음과 같이 도출될 수 있다.

$$\frac{E(R_i) - Rf}{\sigma_{im}} = \frac{E(R_m) - Rf}{\sigma_m^2} \rightarrow E(R_i) = R_f + [E(R_m) - R_f]\beta_i$$

② 시장포트폴리오의 초과수익률이 결정되었을 때, 개별주식(또는 포트폴리오)의 체계적위험(베타)에 따라 개별주식(또는 포트폴리오)의 기대수익률이 얼마가 되는지를

보여주는 관계식이다.

4) 자본시장선과 증권시장선의 비교

① 자본시장선(CML)

자본시장의 균형상태에서 효율적 포트폴리오들의 기대수익률과 위험(표준편차)의 관계를 규명한다.

② 증권시장선(SML)

모든 자산, 즉 효율적 포트폴리오와 비효율적 포트폴리오, 개별증권을 모두 포함한 자본시장의 균형상태에서 기대수익률과 베타계수로 측정한 위험의 관계를 규명한다. 그리고 비효율적인 자산들은 자본시장선 상에는 있지 않으므로 증권시장선에서만 성립되는 개념이다.

③ CML과 SML 모두 과대, 과소평가 여부의 판단과 가격결정에 사용된다. 따라서 CAPM을 이용하여 주식의 적정가격을 예측할 수 있다.

Quiz

1. 동일한 위험에 대해 기대수익률이 높은 자산을 선택하고, 기대수익률이 같다면 위험이 가장
   높은 자산을 선택하는 투자결정원리이다.

   [정답] ×
   [해설] 기대수익률이 같다면 위험이 가장 낮은 자산을 선택함

2. 자본시장선의 포트폴리오는 무위험자산과 시장포트폴리오를 결합한 포트폴리오이므로 항
   상 시장포트폴리오와 완전 음(−)의 상관계수(−1)를 가진다.

   [정답] ×
   [해설] 음(−)의 상관계수 (−1) → 양(+)의 상관계수 (+1)

3. 평균−분산모형의 지배원리에 따라 자산의 효율적 집합을 모두 고르시오.

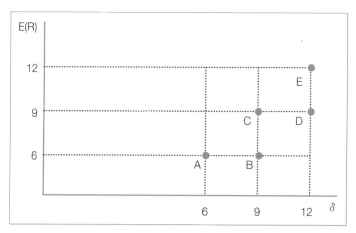

① A, B, C

② A, C, D

③ A, C, E

④ B, C, E

[정답] ③

[해설] 동일한 위험에 대해 기대수익률이 높은 자산을 선택하고, 기대수익률이 같다면 위험이 가장 작은 자산을 선택하는 것이 지배원리이며, 그에 따라 A, C, E가 효율적 자산 집합임

4. 무위험이자율은 3%, 시장포트폴리오의 기대수익률은 13%이고 자산 A의 베타는 0.5일 경우 CAPM이 성립할 때, 자산 A의 균형수익률을 구하시오.

① 3%

② 8%

③ 10%

④ 13%

[정답] ②

[해설] 3% + (13%−3%) × 0.5 = 8%

1. 증권시장선의 도출 과정

(1) 최적포트폴리오의 선택

1) 평균 - 분산모형

- 지배원리에 따라 자산의 효율적 집합을 선정
- 기대효용을 극대화하는 최적자산 선택

(2) 자본자산가격결정모형

1) 개요

① 자본자산가격결정모형의 의의

- 잘 분산된 투자를 하는 투자자의 경우에는 단지 체계적위험만을 고려
- 자본자산가격결정모형(CAPM) : 마코위츠의 포트폴리오선택이론대로 투자자들이 투자활동을 하여 시장전체가 균형상태를 이룰 때, 주식을 비롯한 자본자산의 균형가격이 어떻게 결정되는가를 설명하는 모형

2. 증권시장선의 활용

(1) 자본시장선

1) 개념

① 자본시장선(CML : Capital Market Line)

- 무위험자산까지 고려하여 확대된 투자범위에서의 최적의 투자집합
- 위험이 있는 자산들뿐만 아니라 무위험자산까지 포함해서 완전분산투자할 경우, 균형상태의 자본시장에서 효율적 포트폴리오의 기대수익과 위험의 관계를 나타낸 것

② 무위험자산과 효율적 투자선의 접점인 M을 잇는 직선

③ CML 상의 접점 M : 균형상태에서 모든 투자자들은 자신의 위험회피 정도에 관계없이 위험자산 포트폴리오 M을 최적포트폴리오의 일부로 보유

④ 시장포트폴리오(Market portfolio) : 위험자산으로만 구성된 포트폴리오 중에서 가장
　 우월한 포트폴리오

2) 자본시장선(CML)

$$E(R_p) = RF + [\frac{E(\text{R}_\text{m}) - \text{R f}}{\sigma_m}]\delta p$$

3) 체계적위험과 베타

① 베타

－ 체계적위험을 측정하는 지표로서 포트폴리오를 보유하고 있는 경우에 개별주식
　 의 위험이 시장포트폴리오의 위험에서 차지하는 비율

$$- \quad \beta_i = \frac{Cov(R_i, R_m)}{Var(R_m)} = \frac{\delta_{im}}{\delta_m^2}$$

4) 증권시장선

① 주식의 기대수익률과 체계적위험(베타)과의 관계식

$$\frac{E(R_i) - Rf}{\sigma_{im}} = \frac{E(R_m) - Rf}{\sigma_m^2} \rightarrow E(R_i) = R_f + [E(R_m) - R_f]\beta_i$$

Chapter **16**

기업가치평가

학습목차	학습목표
1. DCF(현금흐름할인법) 2. EVA모형과 RIM모형	1. DCF(현금흐름할인법)를 이해하고 설명할 수 있다. 2. EVA모형과 RIM모형을 이해하고 설명할 수 있다.

❶ DCF(현금흐름할인법)

(1) 기업가치와 주주지분가치

재무상태표에 자산을 금융자산가치(비영업용자산)와 영업투하자본가치로 나눈다면 투자자가 구하고자 하는 기업가치는 아래 오른쪽 그림으로 표현할 수 있다. 그리고 재무관리의 목적은 기업가치의 극대화이자 주주가치의 극대화의 취지에서 보여지듯이 주주지분가치를 직접 구하는 배당할인모형(DDM)과 기업가치를 산출하는 현금할인모형(DCF)이 있다.

금융자산가치	금융부채 시장가치
기업가치 (영업투하자본 시장가치)	주주지분가치

→

기업가치 (영업투하자본 시장가치)	순금융부채 시장가치
	주주지분가치

(2) 주주지분가치 평가모형

1) 배당할인모형(DDM)

① 주주지분가치의 평가

주주가 주식 보유에서 받게 될 미래 현금은 기업이 지급하는 배당이므로 결국 주주지분가치는 미래 배당의 현재가치로 평가할 수 있다는 모형이다. 배당할인모형의 산식은 아래와 같이 표현할 수 있다.

$$\sum_{t=1}^{\infty} \frac{D_t}{(1+r_e)^t}$$

㉠ D_t : 미래 t년의 배당

㉡ R_e : 필요수익률(자기자본비용)

  → 미래 배당의 현재가치를 산정할 때, 적용될 할인율은 투자위험에 대응하는 필요수익률인 자기자본비용임

  → 청산이 예정된 기업이라면, 마지막 D_t는 청산시에 지급받을 청산배당임

② 지속성장모형

지속성장모형 또는 항상성장모형이라고 하며, 이는 고든(M.J. Gordon)이 제시한 주식가치 평가모형으로써 매기의 배당흐름이 일정한 성장률로 지속적으로 증가할 것이라고 가정한 경우의 배당평가모형이다. 지속성장모형의 산식은 다음과 같다.

$$\sum_{t=0}^{\infty} \frac{D_t(1+g)}{(r_e-g)}$$

㉠ D_t : 미래 t년의 배당

㉡ R_e : 필요수익률(자기자본비용)

㉢ g : 배당성장률

  (단, $R_e > g$, 즉 배당성장률보다 필요수익률이 커야 함)

사례

지난해의 주당 배당액이 1,000원이었으며, 올해부터 매년 배당성장률이 5%일 것으로 예상된다. 이 주식에 대한 필요수익률이 12%라면 주식가치는 얼마인가?

$$주식가치 = \frac{1,000(1 + 5\%)}{(12\% - 5\%)} = 15,000원$$

---

③ DDM모형의 한계점

  - 배당 의사결정은 기업의 성과, 지배구조 등 다양한 요인에 의해 달라질 수 있기 때문에 미래 배당을 예측하여 배당성장률을 추정하는 것이 매우 어려움

  - 무배당기업에 대해서는 적용할 수 없음

2) 현금할인모형(DCF모형)

기업이 영업활동을 통해 창출하는 순현금흐름(FCF)을 이용하여 기업의 가치와 주주지분가치를 평가하는 모형이다. 기업가치와 주주지분가치의 평가

$$\sum_{t=1}^{\infty} \frac{FCFF_t}{(1+r_w)^t}$$

㉠ FCFF$_t$: 미래 t년의 잉여현금흐름

㉡ R$_w$: 필요수익률(가중평균자본비용)

→ FCF는 기업 전체의 영업활동에서 창출된 것이므로 미래 FCF의 현재가치 계산에 적용될 할인율은 기업 전체의 필요수익률인 가중평균자본비용(WACC)이다.

→ 주주지분가치 $= \sum_{t=1}^{\infty} \frac{FCFF_t}{(1+r_w)^t}$ - 순금융부채 시장가치

→ 순금융부채 시장가치 = 현재부담하고 있는 금융부채의 시장가치 - 현재 보유하고 있는 금융자산의 시장가치

① DCF의 실제 적용

㉠ 기업잉여현금흐름(FCFF)

FCFF	= 영업현금흐름	⋯ (영업자산 재투자)
	= EBIT (1-t) + Dep	⋯ (Dep + ⊿영업자산)
	= EBITDA (1-t) + Dep·t	⋯ (Dep + ⊿고정자산 + ⊿순운전자본)
	= EBIT (1-t) + Dep	⋯ (자본적지출 + 추가순운전자본)
	= NOPAT + Dep	⋯ (자본적지출 + 추가순운전자본)

㉡ 기업가치의 산출

→ 기업가치 $= \sum_{t=1}^{T} \frac{FCFF_t}{(1+r_w)^t} + \frac{\text{잔여가치}_T}{(1+r_w)^T}$

→ 잔여가치 $= \dfrac{FCFF_T(1+g)}{r_w - g}$

② 사례

　㉠ 문제

　　다음의 자료는 H사의 미래 5년간에 대한 FCFF에 대한 예측치이다. 미래 6년부터
　　는 전년 대비 3%의 증가율로 매년 FCFF가 증가할 것으로 예상된다. H사의 가중
　　평균자본비용은 10%이다. 현재 800억 원의 차입금이 있고 금융자산은 없으며, 발
　　행주식수는 200만주이다. 앞의 자료를 이용하여 H사의 현재 기업가치와 주주지
　　분가치를 평가하시오.

	현재	1년	2년	3년	4년	5년
FCFF		110	100	110	120	130

　㉡ 풀이

　　ⓐ 5년간의 현재가치 = 429

	현재	1년	2년	3년	4년	5년
FCFF		110	100	110	120	130
현가요소 : $1/(1+0.1)^t$		0.9091	0.8264	0.7513	0.6830	0.6209
PV(FCFF)		100	83	83	82	81

　　ⓑ 잔여가치의 현재가치 = 1,188

　　　→ 130 × (1 + 0.03) / (0.1 − 0.03) = 1,913

　　　→ 1,913 × 0.6209 = 1,188

　　ⓒ 주주지분의 가치

　　　→ 429 + 1,188 − 800 = 817

　　ⓓ 1주의 주식가치

　　　→ 817억 원 / 200만주 = 40,850원

③ DCF모형의 한계점

　- FCFF 성장률 가정을 적용하여 추정하는 잔여가치가 가치평가에서 큰 비중을 차
　　지함

　- FCFF는 영업활동 현금흐름에서 영업투자액을 차감한 잔여액이므로 대규모 투자를
　　계속하는 기업의 경우에는 미래에도 수년간 FCFF가 음(−)의 값이 될 수 있기 때
　　문에 예측기간을 길게 산정해야 함

- 할인율(rw)인 가중평균자본비용 산정시, 시장가치에 근거한 자본구성비율을 정확히 추정하기가 매우 어려움

② EVA모형과 RIM모형

(1) 초과수익률모형(RIM모형)

1) 주주지분가치의 평가

RIM에서 주주지분가치는 현재의 자기자본 금액과 미래초과이익 현재가치의 합으로 결정된다. RIM 평가모형에 의한 주주지분가치 산식은 다음과 같다.

$$\text{주주지분가치} = \text{자기자본}_0 + \frac{\text{초과이익}_0}{r_e}$$

2) 미래예측 및 잔여가치 추정에 의한 주주지분가치의 평가

$$\text{주주지분가치} = \text{자기자본}_0 + \sum_{t=1}^{T} \frac{\text{초과이익}_t}{(1+r_e)^t} + \frac{\text{잔여가치}_T}{(1+r_e)^T}$$

① 초과이익$_t$: 순이익$_t$ $- r_e \times$ 자기자본$_{t-1}$
② 잔여가치$_t$: T년 말 시점에서 산정한 T년 후의 미래초과이익의 현재가치

3) 사례

> **사례**
>
> 다음의 자료는 H사의 미래 5년간에 대한 초과이익에 대한 예측치이다. 미래 6년부터는 전년 대비 3%의 증가율로 매년 초과이익이 증가할 것으로 예상된다. H사의 자기자본 비용은 10%이다. 현재 H사 자기자본은 555억 원, 그리고 800억 원의 차입금이 있고 금융자산은 없으며, 발행주식수는 200만주이다. 앞의 자료를 이용하여 H사의 현재 기업가치와 주주지분가치를 평가하시오.

	현재	1년	2년	3년	4년	5년
초과이익		15	28	20	22	20

풀이

㉠ 5년간의 초과이익의 현재가치 = 79

	현재	1년	2년	3년	4년	5년
초과이익		15	28	20	22	20
현가요소 : $1/(1+0.1)^t$		0.9091	0.8264	0.7513	0.6830	0.6209
PV(초과이익)		14	23	15	15	12

㉡ 잔여가치의 현재가치 = 183

  → $20 \times (1 + 0.03) / (0.1 - 0.03) = 294$

  → $294 \times 0.6209 = 183$

㉢ 주주지분의 가치

  → $555 + 79 + 183 = 817$

㉣ 1주의 주식가치

  → 817억 원 / 200만주 = 40,850원

4) RIM모형의 한계점

① 미래초과이익 예측시 기업의 보수적 회계주의 성향을 고려해야 함

② 재무제표 수치를 사용하기 때문에 과거 회계정보에 오류나 조작이 있을 경우 미래초과이익 예측시 잘못된 추정을 할 수 있음

(2) 경제적 부가가치(EVA모형)

1) 기업가치와 주주지분가치의 평가

EVA에서 기업가치는 현재의 영업투하자본[13] 금액과 미래EVA의 현재가치의 합으로 결정되며, 기업가치의 산식은 다음과 같다.

$$기업가치 = 현재의\ 영업투하자본\ 금액 + 미래EVA의\ 현재가치$$

$$= 영업투하자본_0 + \sum_{t=1}^{\infty} \frac{EVA_t}{(1+r_w)^t}$$

---

13) 영업자산에서 영업부채를 차감한 값으로 실제 영업에 투입된 자본을 의미한다.

① RIM에서 초과이익은 자기자본에 관한 것인데 비하여, EVA는 기업 전체의 영업투하자본에 대한 초과이익이다.

② 주주지분가치 $= \left[영업투하자본_0 + \sum_{t=1}^{\infty} \dfrac{EVA_t}{(1+r_w)^t} \right]$ − 순금융부채 시장가치

2) EVA모형의 평가

$$기업가치 = 영업투하자본_0 + \sum_{t=1}^{T} \dfrac{EVA_t}{(1+r_w)^t} + \dfrac{잔여가치_T}{(1+r_w)^T}$$

① EVA_t : 세후순영업이익$_t$ − $r_w \times$ 영업투하자본$_{t-1}$
② 잔여가치$_t$: T년 말 시점에서 산정한 T년 후의 EVA의 현재가치

3) 사례

사례

다음의 자료는 H사의 미래 5년간에 대한 EVA에 대한 예측치이다. 미래 6년부터는 전년 대비 3%의 증가율로 매년 EVA가 증가할 것으로 예상된다. H사의 가중평균자본비용은 10%이다. 현재 H사 영업투하자본은 1,355억 원, 그리고 800억 원의 차입금이 있고 금융자산은 없으며, 발행주식수는 200만주이다. 앞의 자료를 이용하여 H사의 현재 기업가치와 주주지분가치를 평가하시오.

	현재	1년	2년	3년	4년	5년
EVA		15	28	20	22	20

풀이

㉠ 5년간의 EVA의 현재가치 = 79

	현재	1년	2년	3년	4년	5년
EVA		15	28	20	22	20
현가요소 : $1/(1+0.1)^t$		0.9091	0.8264	0.7513	0.6830	0.6209
PV(EVA)		14	23	15	15	12

㉡ 잔여가치의 현재가치 = 183
   → 20 × (1 + 0.03) / (0.1 − 0.03) = 294
   → 294 × 0.6209 = 183

ⓒ 기업의 가치
　　　→ 1,355 + 79 + 183 = 1,617
　　ⓔ 주주지분의 가치
　　　→ 1,617 − 800 = 817
　　ⓜ 1주의 주식가치
　　　→ 817억 원 / 200만주 = 40,850원

4) EVA모형의 한계점

① DCF와 마찬가지로 할인율로 가중평균자본비용을 사용하기 때문에 할인율의 정확한 추정이 어려움

② 세후순영업이익과 영업투하자본을 구하기 위해 영업활동과 재무활동을 구분해야 하는데, 현행 재무제표 구조상 두 활동을 명확하게 구분하기 어려움

1. FCFF 성장률 가정을 적용하여 추정하는 잔여가치가 가치평가에서 큰 비중을 차지한다.

    [정답]　○
    [해설]

2. 경제적 부가가치모형(EVA)에서 주주지분가치는 현재의 자기자본 금액과 미래초과이익 현재가치의 합으로 결정됨

    [정답]　×
    [해설]　경제적 부가가치모형(EVA) → 초과수익률모형(RIM)

3. 다음의 자료는 ㈜A의 미래 3년간에 대한 FCFF에 대한 예측치이다. 미래 4년부터는 전년 대비 1%의 증가율로 매년 FCFF가 증가할 것으로 예상된다. ㈜A의 가중평균자본비용은 10%이다. 현재 500억 원의 차입금이 있고 금융자산은 없으며, 발행주식수는 100만주이다. 앞의 자료를 이용하여 ㈜A의 현재 주당 가치를 평가하시오.

	현재	1년	2년	3년
FCFF		121	109	113

① 53,760

② 63,760

③ 73,760

④ 83,760

[정답] ③

[해설] ⓐ 3년간의 현재가치 = 285

	현재	1년	2년	3년
FCFF		121	109	113
현가요소 : $1/(1+0.1)^t$		0.9091	0.8264	0.7513
PV(FCFF)		110	90	85

ⓑ 잔여가치의 현재가치 = 952.6
- $113 \times (1 + 0.01) / (0.1 - 0.01) = 1,268$
- $1,268 \times 0.7513 = 952.6$

ⓒ 주주지분의 가치
- $285 + 952.6 - 500 = 737.6$

ⓓ 1주의 주식가치
- 737.6억 원 / 100만주 = 73,760원

4. 다음의 자료는 ㈜A의 미래 3년간에 대한 초과이익에 대한 예측치이다. 미래 4년부터는 전년 대비 1%의 증가율로 매년 초과이익이 증가할 것으로 예상된다. ㈜A의 자기자본비용은 10%이다. 현재 ㈜A의 자기자본은 400억 원, 그리고 300억 원의 차입금이 있고 금융자산은 없으며, 발행주식수는 100만주이다. 앞의 자료를 이용하여 ㈜A의 현재 주당 가치를 평가하시오.

	현재	1년	2년	3년
초과이익		121	109	113

① 59,490
② 69,490
③ 79,490
④ 89,490

[정답] ②

[해설] ㉠ 3년간의 초과이익의 현재가치 = 67.3

	현재	1년	2년	3년
초과이익		20	35	27
현가요소 : $1/(1+0.1)^t$		0.9091	0.8264	0.7513
PV(초과이익)		18.1	28.9	20.3

㉡ 잔여가치의 현재가치 = 227.6
  • 27 × (1 + 0.01) / (0.1 − 0.01) = 303
  • 303 × 0.7513 = 227.6
㉢ 주주지분의 가치
  • 400 + 67.3 + 227.6 = 694.9
㉣ 1주의 주식가치
  • 694.9억 원 / 100만주 = 69,490원

1. DCF(현금흐름할인법)

(1) 주주지분가치 평가모형

1) 배당할인모형(DDM)

① 주주지분가치의 평가

- 주주가 주식 보유에서 받게 될 미래 현금은 기업이 지급하는 배당이므로 결국 주주지분가치는 미래 배당의 현재가치로 평가할 수 있음

- 주주지분가치 = 미래 배당의 현재가치 = $\displaystyle\sum_{t=1}^{\infty}\frac{D_t}{(1+r_e)^t}$

  ㉠ D_t : 미래 t년의 배당

  ㉡ R_w : 필요수익률(자기자본비용)

    → 미래 배당의 현재가치를 산정할 때, 적용될 할인율은 투자위험에 대응하는 필요수익률인 자기자본비용임

    → 청산이 예정된 기업이라면, 마지막 Dt는 청산시에 지급받을 청산배당임

② 지속성장모형

- $\displaystyle =\sum_{t=0}^{\infty}\frac{D_t(1+g)}{(r_e-g)}$

  ㉠ D_t : 미래 t년의 배당

  ㉡ R_e : 필요수익률(자기자본비용)

  ㉢ g : 배당성장률

    → 단, $R_e > g$, 즉 배당성장률보다 필요수익률이 커야 함

2) 현금할인모형(DCF모형)

기업이 영업활동을 통해 창출하는 순현금흐름(FCF)을 이용하여 기업의 가치와 주주지분가치를 평가하는 모형임

① 기업가치와 주주지분가치의 평가

$$- = \sum_{t=1}^{\infty} \frac{FCFF_t}{(1+r_w)^t}$$

㉠ $FCEF_t$: 미래 t년의 잉여현금흐름

㉡ $R_e w$: 필요수익률(가중평균자본비용)

→ FCF는 기업 전체의 영업활동에서 창출된 것이므로 미래 FCF의 현재가치 계산에 적용될 할인율은 기업 전체의 필요수익률인 가중평균자본비용(WACC)이다.

→ 주주지분가치 $= \sum_{t=1}^{\infty} \frac{FCFF_t}{(1+r_w)^t}$ − 순금융부채 시장가치

→ 순금융부채 시장가치 = 현재부담하고 있는 금융부채의 시장가치 − 현재 보유하고 있는 금융자산의 시장가치

2. EVA모형과 RIM모형

(1) 초과수익률모형(RIM모형)

1) 주주지분가치의 평가

– RIM에서 주주지분가치는 현재의 자기자본 금액과 미래초과이익 현재가치의 합으로 결정됨

– 주주지분가치 $=$ 자기자본$_0$ $+ \dfrac{초과이익_0}{r_e}$

2) 미래예측 및 잔여가치 추정에 의한 주주지분가치의 평가

– 주주지분가치 $=$ 자기자본$_0$ $+ \sum_{t=1}^{T} \dfrac{초과이익_t}{(1+r_e)^t} + \dfrac{잔여가치_T}{(1+r_e)^T}$

① 초과이익$_t$: 순이익$_t$ $- r_e \times$ 자기자본$_{t-1}$

② 잔여가치$_t$: T년 말 시점에서 산정한 T년 후의 미래초과이익의 현재가치

(2) 경제적 부가가치(EVA모형)

1) 기업가치와 주주지분가치의 평가

- RIM에서 주주지분가치는 현재의 자기자본 금액과 미래초과이익 현재가치의 합으로 결정됨
- 기업가치 = 현재의 영업투하자본 금액 + 미래EVA의 현재가치

$$= \text{영업투하자본}_0 + \sum_{t=1}^{\infty} \frac{EVA_t}{(1+r_w)^t}$$

① RIM에서 초과이익은 자기자본에 관한 것인데 비하여, EVA는 기업 전체의 영업투하자본에 대한 초과이익이다.

② 주주지분가치 $= \left[\text{영업투하자본}_0 + \sum_{t=1}^{\infty} \frac{EVA_t}{(1+r_w)^t} \right]$ − 순금융부채 시장가치

2) EVA모형의 평가

- 기업가치 $= \text{영업투하자본}_0 + \sum_{t=1}^{T} \frac{EVA_t}{(1+r_w)^t} + \frac{\text{잔여가치}_T}{(1+r_w)^T}$

① EVA_t : 세후순영업이익$_t$ − r_w × 영업투하자본$_{t-1}$

② 잔여가치$_t$: T년 말 시점에서 산정한 T년 후의 EVA의 현재가치

|저|자|소|개|

■ 박성욱

▌ 저자 약력
- 서울대학교 인문대학 국어국문학과(학사)
- 서울대학교 대학원 경영학과 회계학전공(석사)
- 서울대학교 대학원 경영학과 회계학전공(박사)
- SSCI, SCI급 논문을 포함한 80편의 학술논문 게재
- 국세청장 표창 수상
- 한국세무학회 우수논문상 수상
- 한국세무학회 최우수학위논문상 수상
- 한국경영학회 융합학술대회 우수논문상 수상
- 국가고시 출제위원

(현)
- 경희대학교 경영대학 회계 · 세무학과 교수
- 한국세무관리학회 회장
- 세무학연구 편집위원장
- 한국세무관리학회 회장
- 한국회계정보학회 부회장
- 한국조세연구포럼 이사
- 한국회계학회 이사
- LH 기술심사 평가위원
- 하남도시공사 기술자문위원
- 경기도 물류단지 검증위원회 위원
- 조달청 평가위원
- 한국철도공사 기술평가위원

(전)
- 경희대학교 경영대학원 부원장
- 중부지방국세청 국세심사위원회 위원
- 국민체육진흥공단 자산위험관리위원회 위원
- 서울특별시 투자 · 출연기관 경영평가 위원
- 세무와회계저널 편집위원장
- San Diego State University Visiting Scholar
- 한국세무학회 재무이사
- 한국세무학회 국제조세연구 위원장

■ 이우성

▌ 저자 약력
- 경희대학교 경영대학 회계학과(학사)
- 경희대학교 대학원 회계 · 세무학과(석사)
- 경희대학교 대학원 회계 · 세무학과(박사수료)

(현)
- 한국공인회계사(KICPA)
- 이촌회계법인 근무
- 경희대학교 경영대학원 겸임교수
- 카톨릭대학교 회계학과 강사
- 한국세무관리학회 감사
- 한국조세정책학회 발기인
- 인천광역시 계양구 태권도협회 감사

(전)
- 안진 Deloitte Audit 근무

최신판　**재무제표 속에 기업이 있다**

2022년 8월 26일 초판 인쇄
2022년 8월 31일 초판 발행

저　　자	박　성　욱
	이　우　성
발　행　인	이　희　태
발　행　처	**삼일인포마인**

저자협의
인지생략

서울특별시 용산구 한강대로 273 용산빌딩 4층
등록번호 : 1995. 6. 26 제3 - 633호
전　　화 : (02) 3489 - 3100
F　A　X : (02) 3489 - 3141
I S B N : 979 - 11 - 6784 - 098 - 1　93320

♣ 파본은 교환하여 드립니다.　　　　　　　　정가 22,000원